不用督促的学习

时间管理篇

苏晓航 靳育辉 何丽琴 著

北京理工大学出版社
BEIJING INSTITUTE OF TECHNOLOGY PRESS

版权专有　侵权必究

图书在版编目（ＣＩＰ）数据

不用督促的学习.时间管理篇／苏晓航，靳育辉，何丽琴著.—北京：北京理工大学出版社，2025.4
ISBN 978-7-5763-4929-0

Ⅰ.G782；G442

中国国家版本馆CIP数据核字第2025VM2676号

责任编辑：龙　微		**文案编辑**：邓　洁	
责任校对：刘亚男		**责任印制**：施胜娟	

出版发行　／　北京理工大学出版社有限责任公司
社　　址　／　北京市丰台区四合庄路6号
邮　　编　／　100070
电　　话　／　（010）68944451（大众售后服务热线）
　　　　　　　（010）68912824（大众售后服务热线）
网　　址　／　http：//www.bitpress.com.cn

版 印 次　／　2025年4月第1版第1次印刷
印　　刷　／　三河市华骏印务包装有限公司
开　　本　／　880 mm×1230 mm　1/32
印　　张　／　7.5
字　　数　／　130千字
定　　价　／　58.00元

图书出现印装质量问题，请拨打售后服务热线，负责调换

目 录
CONTENTS

第1章
教会孩子认识时间，培养孩子时间管理的好习惯

1. 时间管理是孩子的必修课 / 3
2. 让孩子期待时间管理，家长更省心 / 20
3. 时间是生命的组成部分，理解了重要性，孩子自然会珍惜 / 34

第2章
教会孩子掌控时间：有效的时间管理方法

1. 时间管理是每个孩子的必备技能 / 43
2. 时间管理三部曲：三个阶段，让孩子学会管理时间 / 53
3. 张弛有度，激发孩子的自主管理意识 / 79
4. 犯错后总结，让孩子离正确的选择越来越近 / 87

第3章

任务管理训练：提升做事效率，节省做事时间

1. 做好任务管理，懂得区分轻重缓急 / 95

2. 做好任务管理，让学习变得轻松 / 116

3. 做好任务管理，运用工程思维出成果 / 127

第4章

学习习惯训练：让学习成为一种生活方式

1. 合理用脑，让孩子学会采用最轻松的生活方式 / 137

2. 在学习中提升专注力，让孩子高效学习更轻松 / 154

3. 在学习中收获长久的愉悦感，把学习当成一种习惯 / 174

第5章

生活习惯训练：良好的生活习惯让孩子学习精力有保障

1. 运用一些小技巧，让孩子养成早起的习惯 / 193
2. 记录时间账单，提升时间使用率 / 203
3. 提示，渴求，反应，奖赏：四步养成好习惯 / 211

附 录

可以和孩子一起玩的时间管理小游戏

1. 挑战 10 秒 /15 秒 /30 秒 / 222
2. 乌龟还是兔子 / 223
3. 你快还是我快——寻宝越野赛 / 225
4. 超级一分钟 / 225
5. 一起猜时间 / 228
6. 时间条 / 229
7. 时间比萨饼 / 230

后记 / 233

第 1 章
教会孩子认识时间，培养孩子时间管理的好习惯

时间就是生命。
——鲁迅

1 时间管理是孩子的必修课

● 管理时间，是孩子学会遵守社会规则的开始

教会孩子管理时间的目的就是珍惜时间，也是让孩子遵守社会规则的很重要的一步。

古今中外，教人珍惜时间的名言警句不胜枚举。《淮南子》有云："圣人不贵尺之璧，而重寸之阴。"汉乐府《长歌行》有这样的诗句："百川东到海，何时复西归？少壮不努力，老大徒伤悲。"晋朝陶渊明也有惜时诗："盛年不重来，一日难再晨。及时当勉励，岁月不待人。"唐代诗仙李白《短歌行》有佳句："白日何短短，百年苦易满。苍穹浩茫茫，万劫太极长。"唐末诗人王贞白《白鹿洞二首》诗中更有"一寸光阴一寸金"的妙喻。法国作家巴尔扎克把时间比作资本，德国诗人歌德将时间看成是自己的财产。鲁迅先生对时间的认识更为深刻，他说："时间就是性命。无端的空耗别人的时间，其实是无异于谋财害命的。"

这些名言警句有强大的激励作用，鼓舞着很多青少年乃至成年人。

然而，对于更小一点儿的孩子，在没有相应的阅历、学识等背景的情况下，想让他感受到时间的宝贵，更多的是需要让他体验，并且从中体会到管理时间是遵守社会规则的重要前提。

孩子开始上小学之后，作息时间相对固定且具有社会性。上学、放学时间有统一安排，课程安排及玩耍时间具有集体性，脱离了个人随心所欲的状态。孩子开始适应并主动或被动地调整到相对统一的时间规则里。

在这个阶段，让孩子学会参与集体生活并且遵守相应的规则是相当有必要的。但是父母往往只了解其必要性，很难根据孩子的性情帮助他们顺利地完成调整、学会时间管理。这就导致了许多亲子冲突，也让正在形成个人生活逻辑的这个年龄段的孩子，对规则有了抗拒和无益于个人发展的看法。

其实，父母们只需要运用一些孩子已经具备的常识，再配合一些养育技能，结合在婴幼儿期观察到的孩子的性情特点，帮助孩子形成良好的规则意识，进一步地发展出自律的能力，并不是一件难事。

譬如，当孩子参加过集体活动，对人们如何聚集在一起有了相应的经验，那么引导孩子学会准时到达就简单了。

智凌六岁半了，他出门常常很拖拉，以至于经常迟到，妈妈很苦恼，求助于老师。有一天，老师拿了几个玩具小公仔，在桌面上和智凌做了一个角色扮演游戏。

"这个穿红衣服的是小红，这个穿绿衣服的是小绿，穿黄衣服的是小黄，穿蓝衣服的是小蓝。有一天，他们四个小朋友约好了上午9点一起去公园玩老鹰抓小鸡的游戏。小红到公园的时候是9点。"

老师拿起红色的小公仔在桌子上转了一圈："他转了一圈，谁也没看着，就走了。"老师把红色小公仔收了起来。

"小绿迟到了，9:20进的公园。他转了一圈，谁也没看着，也走了。"老师把绿色小公仔也收了起来。

"小黄也迟到了，9:40进的公园。他转了一圈，谁也没看着，又走了。"老师把黄色小公仔又收了起来。

"小蓝来得最晚，10:00进的公园。他转了一圈，谁也没看着：'咦，人都哪儿去了？'"老师拿着蓝色小公仔，问智凌。

小智凌说："都走了。"

"为什么都走了？"

"迟到了，来得早的就走了。"

"对啊，就是因为有小朋友没遵守时间，迟到了。那么现在大家还能一起玩游戏吗？"

"不能了。"

"那大家要怎样才能在一起玩游戏？"老师把小公仔都拿出来，摆在桌子上。

智凌拿起小公仔，同时放在桌面上："他们要同时到公园，才可以一起玩。"

老师摸摸他的头，说："看来你已经找到问题了，那么明天可以和同学们一样，在规定的时间到校吗？"

智凌点了点头。

当孩子有了这样的经验，了解了准时、不迟到的意义是什么，那么时间管理就可以做起来了。家长需要做的就是了解孩子的睡眠时长，合理安排睡觉和起床时间，在保证充足睡眠的情况下，安排相应的学习、玩耍时间。

对于已经上了小学的孩子来说，时间管理变成了生活中必不可少的一件事，无论是主动还是被动，都离不开时间管理的要求。

如果孩子有意识，主动去管理时间，那么很多事情会按自己的规划顺利地完成。个人有比较强的预见性，也就是对生活有把控能力，这样的孩子学习主动性强，相应的能力也比较强。

如果孩子没有时间概念，也会被动受时间的管理，到了相应的时间，也会被要求去完成相应的任务，但是自由度会相应降低，总是被最后期限追着跑，无奈且无力，总是生出"迫不得已"的感觉，这样的孩子力量感是相当有限的。

可见，青少年学会时间管理，主动去管理时间，而不是被动地被时间管理，对青少年健全人格的发展，以及个人能力和自信心的培养，是相当重要的。

对于学龄孩子来说，不仅有学校学业的要求，还有个人兴趣爱好发展的要求，要每一个科目都用同样多的时间、面面俱到地去完成，是不可能做到的。这就要求父母和孩子对个人的发展需求有明确的规划，有明确的发展方向和目标，让时间管理变得有的放矢，那么做好时间管理就是自然而然的事了。

家长思考题

你曾经用过什么方式让孩子理解时间管理和遵守规则之间的关系？现在你会用什么方式？

● 管理时间，从让孩子感知时间开始

孩子们系统地认识时间应该是从小学一年级开始的，小学一年级的数学课上有专门的内容让孩子们学习和练习认识时间。但认识时间不意味着会管理时间，认识时间仅仅是第一个基本阶段；要学会管理时间，应该从第二个阶段——感知时间开始。

有相当多的好词好句描述了人们对时间的感知，例如：弹指一挥间和白驹过隙都是在描述人们感觉时间过得很快；而度日如年和一日不见如隔三秋是在描述人们感觉时间过得很慢。

人们为什么会感觉时间有快有慢呢？其实这是大脑对信息变化的计量过程。也就是说，我们能够感知时间，是因为我们的大脑无时无刻不在接受和处理来自环境的信息。

如果环境信息变化得少，我们就会觉得时间过得很慢。比如频繁地查看手表，会发现时针几乎没怎么走动，或是盯着秒针一格一格地跳动，都是在接收重复并且没有变化的信息。

那么如果环境信息变化得多，我们自然就会感觉时间流逝得快。比如我们在一段时间内做了很多不同类型的事，去了好几个不同的地方，或者是看了一部电影——内容丰富且

引人入胜，我们就会觉得时间过得很快。

所以现在我们能理解为什么有些孩子在课堂上坐立不安、度秒如年。因为如果他听不进去课，那么课堂对他来说，就是一个不断传出声音的老师和一群静默的同学，以及四面墙壁的集合体。于他而言，不知所云的声音和周围的环境都是没有变化的信息，他当然会觉得上课无趣且难熬。

同样在这个环境里，能够跟随老师的思路、不断从老师的讲授中获得新知的孩子，则获得了丰富的信息，这些信息与他自己的思想产生交互。他忙着吸收内化，完成自己的知识迁移，自然觉得有趣，时间就不知不觉地过去了。

基于以上观点，要帮助孩子更好地感知时间，并且由此做好时间管理，可以从两个维度出发。

第一，让孩子在相同的时间内完成不同的任务，以感知时间。

为了保证时间的有效使用，我常常会在做某件事情的时候设个闹钟，让自己知道花了多长时间，或者提醒自己该结束的时间点。

慢慢地，这个习惯就沿用到了孩子身上。

孩子可以问："妈妈，我可以看 15 分钟动画片吗？"

我也可以说："看看 15 分钟可以洗完澡吗？""看看 15

分钟能把这些作业给做完吗？"

有的时候，孩子会说："15 分钟这么快就到了？"有时候，她也会说："为什么这个 15 分钟会这么久？"

这个时候我就会请她把这 15 分钟内完成的事情列出来，她会发现，这 15 分钟如果完全沉浸在相应的任务中，那么时间就过得很快；如果这 15 分钟是无所事事混过去的，那么就会很无聊。她曾经总结过：哪怕是看动画片，如果不喜欢这个动画片，看 15 分钟也很烦很累；而 15 分钟拿来做作业，也可以很愉快。

第二，让孩子学会把漫长的时间变短。

在旅行的途中，最煎熬的就是等待的时间——等候登机、等车、等人。这个时候，我们会在大脑中不断模拟、预测期望中的"变化信息"——来人、来车或出发，并且潜意识还会过滤掉大部分的其他环境信息，只关注期望中的"变化信息"。于是此时，我们很容易觉得环境中没有信息变化，从而感觉时间流逝非常缓慢，并产生焦急感。

通常在等待的时间，孩子会不断地问："车什么时候来啊？""到底还要多久才能登机？""什么时候可以走？"直到把大人问得同样烦躁起来。

或者是在漫长的行程中，孩子在车窗里看够了窗外的风景，飞驰的列车把窗外的树木和房屋都拉成了相似且模糊的样子，而远处山景只是静静的，像一幅油画，让旅途变得难熬起来。

所以孩子们自然会自己找些乐子，让这段时间快点儿过去。或蹿上蹿下，或互相追逐打闹，连平时安静的孩子这时候都会变得焦躁，不停地打扰大人。

有过这样的体验，家长们就可以提前准备相应的物件，帮助孩子学会把漫长的时间变短。

我常常会准备一些桌面游戏或便携的 DIY 手工包，在等待的过程中，让孩子沉浸式地玩起来。游戏里信息量大，孩子们自然会觉得时间过得快，不会那么焦躁，而且沉浸于游戏中，有助于让孩子保持安静，遵守公共秩序变成简单的事，家长们也就很轻松了。

家长思考题

1. 在感知时间的长和短方面，你有什么样的故事可以跟孩子分享？

2. 在不同的场景，你会如何帮助孩子根据需要，把时间变长或变短？观察并写出三个场景。

● 孩子的时间管理训练可以自然而简单

时间就是生命,可想而知,时间对于每个人来说都相当重要,因此在孩子很小的时候,家长们就开始给孩子强调时间的重要性,希望孩子管理好时间。

纵观成人世界,时间管理也是一个重要的需要训练的能力。为了满足人们管理好时间的需求,很多时间管理法被开发出来,包括 GTD(搞定时间管理法)、帕累托原则的四象限时间管理法、番茄工作法、清单法、同类事件法等,不一而足。

这些时间管理法,有关注执行层面的,如番茄工作法、清单法、搞定时间管理法;有侧重心法、关注目标的,如帕累托原则;也有提高效率的,如同类事件法。

实际上这些管理法也经历了一个由浅入深的迭代过程。从刚开始的帮助人们把时间分配得更合理,到在有限的时间内完成更多的事情;从提高效率,到关注目标,再到设定相应的目标任务,进而发展到选择与个人或组织的价值观相符的目标任务。从分配到管理,越来越完善。

其实训练孩子做好时间管理,也是一个由浅入深的过程，有计划、有步骤地进行下去，孩子做好时间管理就是一件水到渠成的事。

掌握时间管理训练的简易五步法，让孩子自然轻松地学会管理时间。

第一步：了解顺序，形成惯例。

通常在刚开始训练孩子进行时间管理的时候，只需要让孩子对要做的事情进行排序，并养成按顺序做事情的习惯即可。这就是形成惯例，惯例往往给人以安全感。

比如，开始训练孩子的时候，可以从起床或者出门的惯例开始。

问问孩子："起床后都有些什么事情要做啊？"

孩子可能会说："刷牙，洗脸，上厕所。"

也许还有孩子没想到的，可以提示："要不要叠被子呢？""还需要做什么？"

让孩子把需要完成的事项一一列出，然后再请孩子按他的想法来排序：

第一项：上厕所；

第二项：刷牙；

第三项：洗脸；

第四项：叠被子；

第五项：换衣服；

第六项：喝水……

列出惯例表之后，可以让孩子每天按惯例表上的事项，一项一项完成，直到养成习惯。

第二步：加入时间要素，在有限时间内完成规定任务。

当孩子习惯了某个惯例表（如睡前惯例表、出门惯例表、回家惯例表、作业惯例表等）之后，若想提高效率或让孩子做好时间安排，那么就可以在孩子认识时间之后，让孩子在有限的时间内完成规定的任务了。

例如，问问孩子："你观察过你会花多少时间叠被子吗？""你知道你换衣服最快需要多少时间吗？"

让孩子对自己某项任务的用时有了了解之后，和孩子商量一个执行该任务的时间，那么惯例表就进阶成了：

第一项：上厕所，5~10分钟；

第二项：刷牙，3分钟；

第三项：洗脸，3分钟；

第四项：叠被子，5分钟；

第五项：换衣服，5分钟；

第六项：喝水，3分钟……

不仅是孩子，连家长都会对时间的把握做到心里有数，对时间的利用就会更高效了。

第三步：学会判断和调整，在规定时间内完成规定任务。

常常也会有家长提出这样的疑问："我也是这么安排的，而且这个时间还是孩子设定的，可是时间到了，他却没完成，该怎么办呢？"

这个问题的解决关键点在家长的意识上——孩子就是孩子，在很多事情上并没有足够的生活经验，他的设想或者预估往往缺乏实际的验证，所以孩子的设想有时会显得"不切实际"，那么给人的印象就是他说到做不到，但这并不是孩子主观的态度问题，不是他不想做好，而是客观上生活技能不足。所以该如何解决呢？

给孩子时间和空间，让孩子在达不成任务目标的过程中学会观察、思考、判断和调整，那么孩子的能力就慢慢地培养起来了，例如，孩子给自己安排的早餐时间是15分钟，但常常超时，可以让孩子观察是什么原因。如果是因为当天早餐做的是面条、馄饨，太烫了，没办法迅速吃完，那么以后是提前盛出来晾一下。如果是因为吃早餐的时候边吃边玩，那么家长就要采取温和但坚定的方式制止孩子边吃边玩的行为。

发现问题并解决问题，比没有问题或者有问题仅责备、不引导孩子解决,更能培养孩子管理时间的能力。

第四步:以短期目标为导向,进行时间管理。

很多家长会抱怨:"孩子有时候作业很少,或者他完成得很快,我就希望他多做一点儿作业,把时间都利用好。可是孩子除了完成学校的作业,一点儿都不肯多做,有时间就去玩游戏,时间都荒废了。"

这个时候就要明白,光是在安排上多加任务并不奏效。假设一下,如果某一天你的工作完成得很快,老板一看,这么早就完成工作了,还是再加会儿班吧,我猜你一定也是不乐意的,心中会有很多的抱怨和吐槽。因为在你的期望里,工作已经做完,终于可以松一口气了,甚至还有一点儿小庆幸,觉得今天可以多休息一会儿,可是老板临时安排的加班,把这一点儿小期盼打碎了,这比没有期盼还要痛苦和失望。孩子也是一样的,在他的心里,他已经完成了应该做的作业,接下来是休息和放松时间,但家长突然增加他的工作量,他不愿意去写新布置的作业,也是人之常情。

换另一个场景想一想,如果这段时间你负责一个项目,已经了解了最后期限,也做了相应安排,但还是临时出现了各种意外情况,那么哪怕老板没有要求,你也会加班加点、想办法完成,是不是?

所以这就是以目标为导向的时间管理。知道了这个目标，知道了要完成的期限，那么时间的管理就变成了自发的要求，超时工作和学习都是为了完成这个目标。目标为导向的时间管理同样适用于孩子，如果这段时间有个比赛，或者有一个重要考试，那么孩子也会因为这个比赛或考试而抓紧时间练习或学习。

我的孩子常常习琴，在平日是每天练习两小时的，但在赛前，她会自发地安排每天练习六小时。这个时候，无论是谈天说地还是手机游戏，统统都靠边站了。

以赛促学、以赛促练就是给孩子以短期目标，为达成这个目标去努力奋斗。经历过了，孩子就获得了这样的经验，再迁移到其他学习的时间管理上，就变得简单了。

第五步：树立人生目标，让时间变得有意义。

人如果只有短期目标，一旦短期目标实现，又没有新的目标的话，就会变得无所适从，甚至浑浑噩噩，荒废时日。若希望一个人能够有源源不断的动力，持续向前努力，必须设立长期目标，而人生目标就是让人奋进不止的长期目标。

这其实也是很多家长特别苦恼的问题："我问过我的孩子，可是他不知道他想要什么，也没有什么特别想做的事情。"

不用督促的学习：时间管理篇

一个没有见过冰淇淋的孩子不会想要吃冰淇淋。孩子不会生来就自动有人生目标的设置，孩子形成自己对人生的看法和目标，需要家长的培养和指引。

"你未来想成为一个什么样的人？"这是一个引导孩子树立人生目标的起始问题。

这个问题不是孩子给出一个答案就结束了，而是需要家长引导孩子在他的整个成长阶段不断地寻找、调整。

孩子在特别幼小的阶段，看了一部动画片或一个电影片段，也许就萌生出了"我要成为他"这样的想法，这是最原始的人生目标树立的开始。

随着年龄和见识的增长，孩子的榜样也会不断地变更，越来越具有现实意义。等到上了小学，孩子要成为的"他"已经很具有指导意义了。这个时候家长可以引导孩子思考：榜样"他"有什么值得崇拜的地方？具备什么样的能力和技能？如果想要成为"他"，那么自己需要具备什么样的能力和技能？如果想要具备这样的能力和技能，又需要什么样的训练？家长可以帮助孩子将这些需要的训练或者技能统计出来，并引导孩子去学习这些东西，进而落实到每一个月、每一周、每一天要做什么，把这个具体的安排探讨出来，那么孩子的时间管理表就出来了。

有了想要"成为"的动力，要做好时间管理就变得可行了。

家长思考题

1. 你是如何训练孩子的时间管理能力的?曾经做过什么指引?

2. 对于时间管理训练的五步法,你会如何运用?

2 让孩子期待时间管理，家长更省心

● **时间管理的激发点：安全感**

家长常常觉得孩子不喜欢学习，没有时间观念，只会无休止地玩耍，完全没有紧迫感，家长不催就不学习，一点儿主动性都没有。其实，这是家长没有让孩子享受过时间管理后的安全感惹的祸。

那什么是安全感呢？

安全感，是渴望稳定和安全的心理需求，属于个人内在精神需求，主要表现为确定感和可控感。

在马斯洛的需求层次结构里，安全位于仅次于生理需要的第二层级，是相当早期出现并且必须得到满足的需求。从马斯洛理论的具体内容可见，安全需求的定义是人们需要稳定、安全、受到保护、有秩序、能免除恐惧和焦虑等。

稍有育儿常识的家长也常常把安全感挂在嘴边，对于如何让孩子感受到安全感却相当茫然。很多家长笼统地把安全感当成是父母在身边陪着就能产生的感觉，所以常常有家长说："这不对啊，孩子从小就是我带的，学习也是我一直陪着,怎么会没有安全感呢?"把"家长的陪伴"当作是孩子安全感的来源甚至是唯一来源,这实在是一个非常大的误区。

家长无效的陪伴,其实是在做无用功。有的家长甚至是错误的陪伴,这种"陪伴"只怕会越陪越糟,不但无法让孩子感受到安全感,甚至还会破坏他的安全感。因为家长的错误做法可能会让孩子所处的环境变得不稳定、无秩序,孩子的生活会变得一团糟,当然也就无法消除孩子的恐惧和焦虑了。

要让孩子感觉到稳定、安全、受到保护、有秩序、免除恐惧和焦虑,恰恰是可以通过时间管理来实现的,因为时间管理就具备确定性和可控性。

我曾经和孩子做过这么一个体验对比的实验:

第一天,我跟孩子说,今天晚上学习不提前做计划,想到哪儿就做到哪儿,孩子很开心,因为没有限制。于是这一晚上,我随时会去问孩子语文做了没有、数学做了没有、英语做了没有,经常打断她,或是催她赶紧做,过一会儿又去催,不时唠叨她:"为什么这么慢?怎么还没做完?"她也没好气:"这不是做着呢嘛!"两人龃龉不断,不欢而散。

第二天,我和孩子商量:今晚都有什么样的作业,每

不用督促的学习：时间管理篇

门作业大约需要花多少时间、安排在什么时候开始，她用什么方式提醒自己休息、提醒自己开始下一轮学习；如果超时，如何安排能够在睡前完成；如果需要妈妈帮助，要用什么方式。商量好之后，孩子定了闹钟自己做作业去了，我也仅在她需要的时候出现，结果这一晚气氛一片祥和。

后来，我问孩子，这两天用不同的方式来进行学习，她有什么感受和想法。

她仔细地思考后告诉我：第一天晚上实在太混乱，不知道什么时候会被妈妈叫，不知道什么时候要做什么，很紧张，也很烦躁；第二天，在做作业之前已经知道了什么时候要做什么，只要去做就可以，而且不用担心被妈妈打断，也不用担心妈妈什么时候会提一个新要求，所以很平静、很顺利，并且很有成就感。

她选择以后都在做作业前先做好计划，和妈妈达成共识，去享受这份平静和成就感。

这个过程其实就是时间管理的过程，而且孩子之所以选择做时间管理，是因为个体需要的安全感在这个过程中得到满足，也就是说安全感的本能需要激发了她做时间管理的要求。

教会孩子认识时间，培养孩子时间管理的好习惯

这个过程运用了几个重要的工具：

（1）提前告知。

规划什么时间做什么作业的过程，其实是孩子做心理建设的过程。她提前告知自己接下来会发生什么，这是预见性，这个预见性提供了确定的有力的感觉，让她对即将发生的事情有掌控感。

（2）边界感。

规则提供了边界，有边界才会有安全。时间管理本身是一种规则，这一晚上的作业计划运用了时间管理这一规则，让孩子明确了在边界内可以自由完成的事情，避免了漫无边界的混乱。

（3）尊重。

让时间来管理孩子的行为，妈妈和孩子之间彼此尊重，避免了互相指责和伤害，同时孩子也尊重了她的作业的要求。

通过这样的训练，渐渐地，作业计划就成了一种惯例。不管今天的计划里先做语文还是先做数学，都不重要，重要的是对自己要做的事情有一个预判，有一个时间的规划。惯例执行下来，就成了习惯，而当习惯成为自然而然的动作时，孩子的自律性就培养出来了。

有了自律，无论有没有大人在，即使不用督促，孩子也能凭习惯完成需要的事情和任务，自信心也就培养出来了。

> **家长思考题**
>
> 1. 你可曾催过孩子学习？孩子的反应是什么？记录下来。
>
> 2. 对提前告知、边界感和尊重这几个重要的工具，你的看法和想法是什么？
>
> 3. 你会如何运用提前告知、边界感和尊重这些工具？试着用一用并做记录。

● 时间管理的吸引点：好玩的事

常常听到孩子们抱怨："那么多作业啊，连玩的时间都没有了！"很多时候，家长们也很纠结，一方面因为孩子的抱怨而心疼，另一方面又担心孩子放任自流而掉队。那到底是应该要求孩子们只管完成作业、不能玩，还是允许孩子先玩，把作业放一放呢？

这实在是太让人难以取舍了。

其实这恰好是一个非常难得的机会，让孩子开始学习时间管理，并且增强孩子的能力。

有位妈妈说她的四年级孩子小羽也常常很烦躁，经常说:"老师为什么每天布置这么多作业?做完这些都没有时间看课外书了。"

她问我怎么办。我建议她听到孩子的怨言后,既不要出言阻止,也不必安慰,只需耐心地观察孩子做作业的过程,并且记录下来。

后来她给了我这样的一张记录表:

7:00 准备做作业;

7:00—7:30 翻书包、找作业本(期间被书包里不知道什么时候捡进去的小石子和小树叶吸引,玩了 15 分钟);

7:30—11:20 做作业。

期间上洗手间两次,一次 10 分钟,一次 20 分钟;找文具四次,到书柜找书翻书五次,顺便哼个小调,跟妈妈说话;大约做到九点半,发了两次脾气,不愿写,趴在桌子上发呆,催促后写了一会儿又发呆;最后还是终于写完了。

小羽妈妈把这份记录发给我后,我大致计算了一下,在四个多小时的时间里,孩子用在写作业上的时间不超过两个小时,意味着这个过程中有很大的空间可以训练孩子,把磨蹭掉的时间集中起来,做他喜欢的事。

于是,有一天,小羽到了我的办公室,我和他一起讨论如何更好地利用时间做自己喜欢的事。

我问他,如果想要身体健康,并且保证第二天有充沛的精力,他希望晚上几点睡觉?如果能够早些做完作业,他最希望做的事情是什么?希望有多长时间来做自己的事情?

从他的回答中,我得知了他的真实想法,而他自己也说,每天的作业那么多,他根本完不成,哪里有时间去做自己想做的事呢?

于是我让他把当天的作业拿出来,讨论了一下语文、英语和数学中他想要完成的顺序,也让他估计了一下需要的完成时间。然后我和他做了一个小约定:他做作业,我备课,每20分钟定为一个"冰棍时间",意味着这个时间段里,我们俩都被凝固住了,被定在椅子上,除了手和脑子之外,其他部位都冻住了,所以他只能写作业,我只能备课,不能走动,互相也不能交谈。

"要不要试一下,在一个'冰棍时间'里,你能完成多少作业,我能完成几页PPT?"

小羽大概很少有机会与大人做这样的"公平竞争",他兴奋地说:"好!"

就这样,不过五个"冰棍时间",他就把当天的作业都完成了。

"瞧,你是不是很厉害?不过用了一个半小时多一点儿的时间就完成了所有作业。想想看,平时你在家也用这个办法,是不是至少有两个小时来看你喜欢的课外书?"

小羽翻着他的作业,似乎有点儿不相信自己真的在不知不觉中全部完成了。等回过神来,他开始跟我聊他喜欢的书,打算要用多少天看完他手里的那套《寻宝记》,然后还要看……

我伸手拍拍他的肩,很坚定地说:"我相信你,小伙子,用这样的方法,你能把作业完成好,也能实现自己的愿望。"

小羽常常让他妈妈给我打电话,跟我说他又看了什么书,而他妈妈很欣喜的是,孩子作业能完成得如此高效。

孩子们不是故意要拖延、不完成作业,也不是故意要让家长们唠叨生气的,拖拉磨蹭往往是因为他没有找到更好的解决作业过多过难的方法,才会产生畏惧困难的想法,进而通过拖延时间去逃避。所以家长要帮助孩子做好时间管理,帮助他克服拖拉磨蹭和畏难情绪。家长不必通过唠叨或一再强调重要性、严重性和必要性去督促孩子学习,因为这些是孩子都知道的事情,只是面对学习任务的时候无从下手而已。那么家长要做的就是放弃说教,真正地坐下来,跟孩子一起观察问题所在,用成人的经验、能力和智慧,帮助孩子走出缺乏技巧的泥淖，孩子自然就有了方法，朝应该走的方向去了。

> **家长思考题**
>
> 1. 你是否为孩子学习拖延磨蹭而烦恼？记录一次孩子学习拖延的情况。
> 2. 从记录中判断孩子拖延的原因，是题太难，是孩子分心，还是孩子没有掌握学习方法？
> 3. 你打算从哪些方面帮助孩子？

● 时间管理的强化点：成就感

人们常常会对自己参与并且取得了一定成效的工作抱以极大的热情与兴趣，而且有相当的成就感，譬如，在家长课堂上，我往往会给家长们布置一些共同完成的任务，例如，分小组完成某个主题的头脑风暴，协作完或一幅画，或者共同解答问题。完成之后，小组成员都会很珍惜自己的成果或作品以及答案，小心翼翼地放在指定的地方，拿出手机来拍照，仿佛不记录留存一下，就太可惜了。

第1章 教会孩子认识时间，培养孩子时间管理的好习惯

人们有珍惜自己劳动成果的心理，无论这个成果是好是坏，都是自己付出努力得到的。

如果家长能将这种感受传达给孩子，其实是一种相当有效的经验。我常常会在训练孩子们提升学习效率的时候，让他们感受时间管理的成就感，并且把这种经验用在其他的学习领域中。

弘敏妈妈很苦恼的事情是孩子做作业实在太慢，常常无法在规定的时间内完成。妈妈说四年级的弘敏经常说话不算数，自己做了计划又完不成。

我跟弘敏和妈妈都做了很深入的沟通，发现了问题的症结所在：弘敏在做作业的时候，没有注重时间的有效管理，而妈妈没有做到成就感的引导。

弘敏妈妈的问题也是家长们的通病，典型的案例就是把一大堆的作业堆给孩子，让孩子慢慢做，结果花很长时间都没办法完成，比如作业要求是每天完成100道口算题，妈妈只是把题给弘敏，而弘敏常常对着题目发呆："那么多题啊，要做到什么时候！"他对数量庞大的题目产生了畏惧情绪，也没有通过做对的题目及时得到有效的正面反馈，所以弘敏的做法是做两题就去玩一会儿，再回来做几题，发一阵呆，再做两题。就这么晃晃悠悠，两个小时

不用督促的学习：时间管理篇

就过去了，作业还是没有做完，学习效率非常低下。

我让弘敏把100道口算题分成10组，一组10道题。我说："弘敏，咱们来做个小游戏，叫猜猜看，猜你把这10道题做完需要多少时间。你猜一个数字，我猜一个数字，看谁猜得对，如何？"我接着说："以你平时做题的时间，我猜你需要10分钟，我赌你肯定不会更快了。"弘敏看着我，有点儿不服气，他说："不可能，我用不了10分钟。"我说："好，我来按计时器，我说开始你就开始，看看谁说的对。开始！"

只见弘敏抓着笔，埋着头，一顿猛算，然后站起来把笔一放："老师，做完了！"

"哎哟哟，弘敏只用了3分钟啊，我有一点儿不相信了，是不是这组题很容易啊？我猜你下一组肯定没法在3分钟内完成。"

"一定能完成！"弘敏又准备开始了。

时间一到，我便摸摸他的头："哇，这次只用了2分53秒啊，弘敏你是怎么做到的？搞得我不知道之前你妈妈说你需要一个多小时才能完成100道题是不是真的了。你觉得下一组会花多长时间？"

"我还能更快！"弘敏来了劲头。

就这样，10组口算题，基本每组都在3分钟左右完成了，或快一点儿，或慢一点儿。

等100道题都完成的时候，我把10组题和完成时间的记录摆在弘敏面前："瞧瞧，100道题呢，你每组都用几分钟就完成了。做的过程有没有很累呢？"

"不累！"

"会不会觉得很难呢？"

"不难！"

"想想看，跟平时自己一口气做100道题，一边做一边玩，有什么区别吗？"

"有，分组做会更快，一口气做比较慢。"

"为什么呢？"

弘敏低下头，他在思考。我知道这个问题对他来说有一定的难度，要归纳出道理，还要表达出来，不容易。最终弘敏说道："因为分组之后，我觉得题目好像变少了，而且每次做完题之后都会对答案，对完答案之后我很开心，对于接下来的题目不会觉得多，反而很期待。"你看，这就是他已经获得了成功的体验，每次做完一组题之后，他都相信自己可以完成下一组，而且是用更短的时间来完成，对做题越来越有劲儿，不知不觉就提高了学习效率。

在孩子们开始一项任务的时候，家长往往不注意将要完成的任务简单化，反而复杂化，就会加重孩子的畏难情绪。

曾经有家长跟我说过："我家孩子畏难情绪很严重，原来计划每天完成 800 次跳绳的，但是每次要跳之前都抱怨：'800 次，那么多，我不想跳。'"

我特别理解。对于孩子来说，他并不能完全理解 800 次跳绳的难度，而"800"这个数字，对于几岁的孩子来说确实是个大数目。

所以我跟家长分析了一下："你孩子现在一分钟能完成多少个？考试的要求应该是超过 100 个，对吧？"

家长想了想："对，她原来一分钟能跳 140 个，现在已经能跳 150 多个了。"

"很好，那么 800 个应该五六分钟就能跳完，让孩子一分钟一分钟地跳，每跳完一分钟休息一下，正常来说，10 分钟这项任务就能完成。如果 10 分钟就能完成这项任务，你觉得孩子的畏难情绪有多大？"

家长恍然大悟。

一个任务用不同的方式表达，让人感觉到的轻重缓急和难易程度是不一样的。如果家长希望孩子愿意去完成，那么就需要做一点儿小设计，让事情看起来简单轻松。对于小学阶段的孩子来说，"800"与"10"相比，哪一个更容易被接受是显而易见的。

以上两个小故事虽然是不同的学科，但本质是一样的，都是用孩子已经获得的成功经验来强化他对时间管理的热情。花更少的时间完成同样多的工作，这样的事情，孩子也喜欢。

家长思考题

你的孩子在什么事情上有成功的经验？你会如何运用他的成果（进步）激发他对时间管理的渴望？

3 时间是生命的组成部分，理解了重要性，孩子自然会珍惜

● 读史明志，让历史长河刷新孩子对时间的认知

我曾经带孩子看过记录片《探索宇宙》，也曾带孩子在博物馆通过 5D 电影，感受宇宙和生命的起源。众所周知，宇宙的起源是一个非常漫长的过程，而我们已知的宇宙起源至今已经 137 亿年了，我们作为人类是非常难以理解这么长的时间跨度的。

对于孩子来说，这可能是一个更大的难题，但可以试着把这 137 亿年压缩成一年，再去理解它就会变得相对简单一些。我们已知宇宙是在一场大爆炸中诞生的，那么就把宇宙大爆炸设为这一年的开始。

1 月 1 日，宇宙诞生（宇宙大爆炸理论称宇宙大爆炸约在 150 亿年前）；

1 月 30 日，银河系形成（据科学家推算恒星开始形成在 138 亿年以前）；

9月11日，太阳系开始形成（大约46亿年前）；

9月13日，地球出现（45亿年前原始行星大撞击后地球-月球系统形成）；

9月25日，生命出现（约在40亿年前，地球出现最早的生命现象）；

11月1日，原核生物出现（约在25亿年前，生命形态突飞猛进）；

12月18日，寒武纪生命大爆发（约5.5亿年前）；

12月23日，爬行动物出现（约3.5亿年前）；

12月25日，恐龙崛起（约2.5亿年前）；

12月30日，恐龙灭绝（其中一种说法是约在6500万年前，行星撞地球，地球上的80%的物种消失）；

12月30日，哺乳类动物出现（约5000万年前）；

12月31日19∶55，灵长类动物出现（约700万年前）；

12月31日22∶32，人类出现（约250万年前）；

12月31日23∶42，北京猿人出现（约50万年前）；

12月31日23∶59∶35，农业革命开始（约1万2000年前）；

12月31日23∶59∶48，文字出现（约5500年前）；

12月31日23∶59∶59，工业革命开始（约200年前）。

而我们现在正在经历的正是这一年的最后一秒。宇宙的历史对于我们人类来说真的太漫长了,而人类的出现对于宇宙来说只是一瞬间的事情。通过这样的类比,孩子一定和成人一样被震撼,人的一生相对于宇宙来讲实在微不足道。

然而这微不足道的一生又可以过得相当精彩。

我也曾带孩子读过中国上下五千年的历史。就在这"一天"的最后"一分钟"里,中国历史走过了原始社会、奴隶社会和封建社会,从商朝到清朝,创造了灿烂的华夏文明。我们见识了在这"一天"的最后"一分钟"里,中国历史的波澜壮阔。

特别是从近代史读到现代史,历经磨难的中国人创造了一个又一个的奇迹:加入WTO、申奥成功、第一艘载人飞船神舟五号成功升空、一跃成为世界第二大经济体、建造"新世界七大奇迹"之一的港珠澳大桥、"祝融"登火星、和若铁路横穿戈壁沙海……在短短的"一瞬间",人们能创造那么多奇迹!

在这长与短之间,孩子能深深地感受到追风赶月、时不我待,自然会把珍惜时间当成生命的背景色,深深地烙印在心底。

教会孩子认识时间，培养孩子时间管理的好习惯 第1章

家长思考题

1. 你是如何跟孩子谈历史的？孩子对历史是如何看待的？

2. 如何让孩子在生活中感受到时间的宝贵？这个章节对你的启发是什么？

● 让孩子在有限的时间中积累，为其珍惜时间提供契机

孩子听到了，会忘掉；孩子看到了，会记得；孩子去做了，会理解。这也正好印证了一句俗语："百闻不如一见，百见不如一练。"人们往往只有躬身入局，才能真正了解做一件事的过程，需要的时间、精力和资源，也为做其他事情积累经验、奠定基础。如果只是听说，其实并没有太多实际的意义。让孩子在现实中积累，就是要亲身经历。

这里不得不提一提工程思维：人们在大量的生产活动中发现，工程就是一个取舍的过程，是个系统化的求解过程，经过不断地分析权衡需求、效果以及成本，最终完成能最大限度上满足需求并节约成本的产品或理论。工程思维就

是永远以资源有限、条件不足为前提，去实现现实世界中的目标。

其实孩子成长和学习的过程，也是一个运用工程思维去观察、调整并获得结果的过程。

常常听家长们要求孩子："学了以后就要多练，课后要多花功夫。""单靠课堂上的时间是不行的，课下要多花时间。"似乎课后是万能的，课下的时间是源源不断、取之不尽用之不竭的。实际上，只要认真地记录一下，就会发现，在报了几门课外兴趣班的情况下，再加上日常作业，"课后多练"已经变成一个理想中的安排——它永远无法实现，因为时间根本不够分配。

如何让孩子在有限的时间内完成相应的学习任务，并得到学习成果，就需要用到工程思维了。

孩子可以多方位学习，也可以多报几个兴趣班，但一定要有权衡和取舍，把主次分清，甚至适当地放弃一些家长认为对孩子来说很重要、但并不是不可或缺的项目，让孩子在某个时间段内全力以赴地进行某项学习并获取学习经验，这样更有利于培养孩子的时间观念和对时间的管理能力。

以赛促学、以赛促练就是以工程思维培养孩子时间观念和管理时间能力的强有力的方法之一。

第1章 教会孩子认识时间，培养孩子时间管理的好习惯

简小妮是我带的一个九岁的孩子，她的抗压力能力比较强，适合高强度、需要耐力的学习任务，我给她安排了钢琴、芭蕾舞与合唱团的课程。其中钢琴是主要的兴趣方向，芭蕾舞是为了更好地体验乐感，而合唱团是为了学会配合，所以芭蕾舞和合唱团课外就不再安排其他练习，把时间都留给钢琴练习。

有了这样的取舍，哪怕是九岁的孩子，也能理解这是她的主攻方向，所以每天完成学校的作业之外，其他的时间都先安排在练琴上，抓得很紧。

简小妮每年都会被安排几次重要的钢琴比赛，这些比赛就如同有最后期限的工程项目，到了时间必须交工验收。所以简小妮会提前做好规划，列出每个月、每周以及每天要完成的任务，最后落实到每天规划多少时间来完成当天的任务。

每次在大赛之前，她还要额外地多腾出些时间来练习。虽然每次无论再如何准备都会有遗憾，都会有"如果时间再多一点儿就好了"的感觉，但是孩子获得了这样的经验：为一项任务规划时间、抓紧时间，然后接纳结果。这样的经验叠加，就为孩子将来在生活和工作中奠定了规划时间的能力基础。

家长思考题

1. 你曾经让孩子为哪项任务规划过自己的时间？孩子在这个过程中学到了什么？

2. 你打算在未来如何运用工程思维，让孩子更好地珍惜时间？

第 2 章

教会孩子掌控时间：有效的时间管理方法

真正的财富＝观念＋时间。

——比尔·盖茨

1 时间管理是每个孩子的必备技能

● 莫催促,让孩子形成自己的节奏

进入社会之后,成年人每天会面对形形色色的人和永远也做不完的工作,体会过早八的地铁,也追赶过末班车。因为经历过,所以我们知道时间的珍贵,也明白时间管理是多么重要的一件事。

但孩子并未体验过这些,他们自然也不明白时间管理的重要性。

作为家长,可能常常会碰到下面的情况:或者是早起上学的时候,或者是一家人出远门的时候,大人已经收拾妥当,但孩子依旧拖拖拉拉、慢吞吞的。家长已经急得跳脚,他们却要么置若罔闻——你说你的,我做我的;要么像提线木偶一样——你拉一拉,我动一动;要么情绪激动——放声大哭或暴跳如雷;要么慌里慌张、丢三落四,挑战你的耐性……

做作业更是拖沓的重灾区了。有时候老师只布置了一点儿作业,明明十几二十分钟就能做完,可孩子边写边玩,两个小时过去了，家长一看，才写了一半多一点儿。

面对这种情况，家长们往往会不断地催促孩子，甚至大发脾气，但这种做法不仅无法解决孩子拖沓的问题，时间长了，反而会激发孩子的逆反心理，有时候甚至会伤害孩子和家长的感情。

或许有的家长会问，孩子拖沓，家长除了催促，还有什么办法？

首先要意识到一点，某些事情的难度对孩子和对成年人来说是完全不一样的，比如我们走上一大步，孩子可能要小跑三步才能跟得上；我们小时候怎么也爬不上去的高高的凳子，成年之后已经可以轻轻松松坐在上面。但你的孩子依旧难以爬上去，你不能因为孩子爬不上去或者爬上去用的时间太长，就埋怨他没用。

同样的，我们觉得很容易就能算出来的题目，对孩子而言可能就是难题。我们不能以成年人的眼光去看待孩子的学习，进而觉得孩子轻轻松松就能完成。这些我们眼中"非常简单"的题，对孩子来说可能要几个小时才能算出来。

其次我们要意识到，孩子有自己做事的节奏。或许他的节奏就是边玩边做，动作非常慢，但这对孩子来说，可能是最舒服的时间分配。家长一直在耳边催促，反而可能会打乱他的节奏，造成事倍功半的结果。

教会孩子掌控时间：有效的时间管理方法

所以我们要摒弃之前大喊大叫、不停催促的做法，而是细心观察孩子的时间分配，弄明白究竟是什么拖慢了孩子学习的脚步。究竟是他喜欢的动画片，还是衣服上的流苏，抑或他只是在纸上写写画画，就是不做作业……

最后，我们就可以通过掌握到的这些信息，不断调整孩子的节奏，让时间安排达到最优。

乔智上幼儿园的时候，父母给他报了绘画的课外班，乔智也因此喜欢上了画画。本来他的爸爸妈妈因为孩子有了自己的兴趣而开心，但随着乔智步入高年级，他经常因为画画而耽误学习，甚至做作业的时候也常常分心，导致没有办法按时完成。这让乔智的父母非常忧心，生怕孩子因为沉迷画画而成绩严重下滑。

为了纠正乔智这个习惯，乔智妈妈和乔智商量："你回家后先完成作业，然后妈妈就让你画画好不好？"乔智答应了，但他做作业的时候依旧写写画画，无法专心，做作业的时间也没有因为这个约定而变得更少。于是乔智妈妈找上了我。

我先是按照乔智妈妈的约定，让乔智做完作业再画画，而我就在旁边耐心观察。乔智一边做作业，一边在纸上写写画画，用了两个多小时才把作业做完。

不用督促的学习：时间管理篇

  我观察到，乔智并未从一开始就沉浸于做作业，而是先发了一会儿呆，然后才慢慢地把思绪转移到作业上。专心做了一会儿作业后，又开始在纸上画画，这代表着他的注意力转移了。

  接下来我规定乔智每写十分钟作业，就可以画十分钟的画。乔智对于这个规定非常开心，因为他刚沉浸于作业没多长时间，就到了结束时间，可以画画了，于是立马放下笔去画画。这次做完作业花的时间比刚开始更长，用了将近两个半小时。

  接着我又规定乔智每写三十分钟作业，可以画十分钟画。这次乔智完成作业的时间比刚刚要快得多，只用了一个半小时。但我观察到，乔智每次结束画画都依依不舍，再次投入作业所需的时间比十分钟要长得多。

  然后我再次更改了规定，让乔智每写三十分钟作业，可以画十五分钟画。这次乔智完成作业的时间比上次提前了十分钟。

  通过不断地更改规定，我得出了对乔智来说最优的时间安排：每写半小时作业，画十五分钟画。我把这件事告诉了乔智的妈妈，她回家试验了一下，发现孩子完成作业的时间真的大大缩短了。

教会孩子掌控时间：有效的时间管理方法

如果孩子能够一直专心地学习和写作业，那当然是最好的事情。但孩子不是机器人，不可能一丝不苟地执行家长的所有安排。我们成年人上班工作的时候尚且需要调整状态，孩子更不可能到了规定的时间就能做好规定的事情，他们也需要休息和调整。家长应该充分认识到这一点，然后去适应孩子的节奏，在此基础上再进行调整，形成一个最优解。

家长思考题

1. 孩子做事拖拉的时候，你是否不停地催促过？
2. 孩子做作业的时候，你尝试过调整他的时间安排吗？

● 从小学会时间管理，永远快别人一步

在现代社会，时间是最为宝贵的资源之一，合理地管理时间已经成为人们摆脱焦虑和提高工作效率的重要手段。因此，从小培养孩子的时间意识，让孩子学会时间管理，就显得尤为重要。

不用督促的学习：时间管理篇

漫漫学习成绩不错，想要再提升却是千难万难。她的爸爸妈妈很发愁，于是找到我，希望我帮助他们。

我先是观察了一下漫漫平时做作业的方式。漫漫拿出做作业本后，随意地翻开一本数学做了起来。她刚开始很认真，但做了几道题之后，似乎是碰到了难题，挠了挠脑袋就放下了，又拿起了手边的语文作业开始写，但写着写着似乎是碰到了不愿意做的题目，发了一会儿呆之后，把语文放到一边，又拿起了英语……

通过观察，我发现漫漫虽然学习很认真，但做事情没有条理，时间管理不到位，导致虽然一直在写作业，但用时非常长，作业完成的质量也不好。

我带着她去观察那些成绩非常出众的孩子学习，漫漫观察到，这些孩子在安排学习时，都有着明确的时间规划，往往会把需要学习的东西罗列出来，每做完一项，才会继续认认真真地进行下一项。即使遇到难题或者特别麻烦的题目，也会一点点攻克，直到写完才继续写下一门科目。而且他们不会只做老师安排的作业，当完成这些作业后，这些学生会非常自觉地预习明天的功课，甚至自己找题目去做。

"你和他们有什么区别呢？"我问漫漫。

"我通常是一件事情还没做完，就去做下一件事了。

教会孩子掌控时间：有效的时间管理方法

而且他们学习效率更高，我每天把老师安排的做完就很不容易了，他们不仅能做完作业，还能把明天的科目预习完，甚至还有时间进行课外学习。"

"他们好厉害！"漫漫感叹道，"我也要向他们学习，更有条理地学习和做事。"

绝大部分学习成绩优秀的学生，在时间管理方面都非常突出，而且往往是从小就养成的习惯。因为养成了这种习惯，所以才能将生活、学习乃至人生安排得非常合理，避免不必要的内耗，也不会浪费时间，因此进步就比别人要快。

具有良好时间管理能力的学生，能够游刃有余地安排自己的时间，平衡生活和学习。他们的行动计划是建立在一定的战略和思考基础之上的，这使得他们具有更强的自信、自控和自我管理能力。他们能够清楚地看到自己的成长和进步，并以此为动力，继续追求自己的目标。

对于小学生来说，培养他们的自理能力和自我监督能力，可以帮助他们获得更高水平的学习和生活能力。这些成效远远超出了快速完成作业这种表面上的价值。

敏红是个优秀的学生，成绩一直名列前茅，但她在班级上一直有个无法超越的存在——阿丽。无论考试是难还是容易，阿丽都稳稳地坐在班级第一的宝座上。

为了超越阿丽，排名班级第一，敏红虚心向阿丽请教，希望能得到一些建议。

阿丽说："学习方法……可能是我比较努力吧。"

敏红觉得阿丽是不想告诉自己学习的方法，怕自己超过她，生气地说："我学习也很努力啊，可是成绩一直不如你。"

阿丽拿出一张自己的时间表，对敏红说："你看，这是我放学之后的学习安排。"阿丽接过来一看：

5：00—6：00 吃饭、洗澡；

6：00—6：30 写语文作业；

6：30—7：00 写数学作业；

7：00—7：30 写英语作业；

7：30—8：00 做课外习题；

8：00—8：20 休息；

8：20—9：00 预习第二天的功课。

阿丽还解释说："这只是今天晚上的安排，我每天会根据老师的教学内容和作业多少来更改时间表的安排，而且只要安排好，这些任务我是一定会完成的。"

敏红惭愧地低下头，她放学后肯定要先看一会儿电视才开始写作业，而且写完作业之后从来不预习功课。敏红

教会孩子掌控时间：有效的时间管理方法

意识到，在她休息玩乐的时候，阿丽是一直在学习的，所以阿丽的成绩比自己好，是因为她的时间管理更为严谨。

敏红对照着阿丽的表格，也给自己做了放学后的安排，开始按部就班地学习。但她的成绩还是难以超过阿丽，她无奈地跟阿丽说了这件事："为什么我还是超越不了你啊？"

阿丽笑着说："因为你在进步的时候，我也在进步啊，而且随着学习越来越深入，我的时间规划也比以前更好了。"

具有良好的时间管理能力的学生，在组织时间方面是非常高效的。这意味着他们能够迅速调整自己的日程安排，将不必要的活动和任务从待办事项中清除。他们知道什么是最重要的，并将其放在优先考虑的位置。此外，他们还能够在有限的时间内，高质量地完成任务。因为他们能够集中精力，避免分心，而且没有在一小部分任务上浪费时间与精力。

我们常说"一步快，步步快"，从小拥有时间管理能力的孩子，无论是学习还是做事，都比别的孩子更有条理性，做事情也会更快。在同样的时间里，他们能完成更多的工作。

良好的时间管理习惯可以帮助他们增强自我组织和规划的能力，有利于解决学习问题，以及更有效地处理日常任务。

但时间管理的能力并不是天生就有的。

很多成年人在面对工作、生活以及突发状况时,都是手忙脚乱、鸡飞狗跳的。也就是说,对于时间的管理能力,也绝对不会随着时间的流逝和年龄的增长而自然拥有。

让孩子学会合理安排时间,把必须要做的事情和自己想要做的事情一一安排好,这不仅是一个美好的愿望,更需要通过一些训练和方法,一点点培养,让孩子学会时间管理。

> **家长思考题**
>
> 1. 怎样安排时间,才能让孩子的学习效率最大化?
>
> 2. 如何培养孩子自主管理时间的能力,让孩子快别人一步?

时间管理三部曲:三个阶段,让孩子学会管理时间

孩子的成长和学习,是一个持续不断的过程,每个阶段都有其要达成的目标和要完成的发展任务。

然而,小孩子并没有精准的时间观念,过去和未来的概念也不够明确。所以家长不仅要培养孩子对于时间的"感觉",更要走在孩子的前面,提前学习和规划,让孩子走得更轻松。

许多家长会认为自己的人生比孩子长,经验比孩子丰富,从而习惯依据自己的认知给孩子规划未来,认为只要按照自己的计划来安排孩子的生活、学习和交友,孩子就一定会走向正确的方向。

但实际上,孩子没有参与规划,对于他们来说,这样的安排过于强势,内心存在抵触,家长会发现这个规划只是自己的"一厢情愿",并不存在实际的可行性。

而且,不同年龄段的孩子,学习和生活规划也并不一致,甚至存在很大差异,这就需要不断地结合实际去改变和调整。

● 低年段：一二年级

或许很多家长不知道，时间管理能力的养成也有黄金期，第一个黄金期是3~6岁，第二个黄金期是6~9岁。

而一二年级的学生们，正好处在第二个黄金期。这个时期，孩子通过学校的上下课、上下学，已经对时间有了概念，正是培养时间管理能力最好的时期。

就学习而言，这个时期也是孩子打基础的最佳时期，养成良好的时间管理意识，对孩子未来的发展至关重要。

就我接触的学生而言，出现学习问题的孩子越来越呈现出低龄化现象，甚至小学一年级的孩子就有不想上学的现象。还有一些孩子在上课时跑去上厕所，却不告诉老师，甚至没有上课的意识，更不用说在课堂上说话、接话、不认真听讲了。

这种情况让老师很为难，家长也很无奈。

娜娜是一年级的小女孩，她不愿意上学，无论家长怎么责备甚至打骂，她都不愿意进学校的门。即使被父母强行拖拽到了学校门口，也是各种哭闹、打滚，那份声嘶力

教会孩子掌控时间：有效的时间管理方法

竭、拼尽全力的反抗，让家长既心疼又无法理解。

妈妈边哭边跟我描述娜娜的情况，而此时的娜娜还躺在地上大哭大闹。我制止了家长把她拽起来的动作，蹲在地上试着和娜娜交流。

可能是我的行为触碰到了娜娜的内心，娜娜由刚开始躺在地上哭，到后面边哭边回应我两句问话，再到后来，她悄悄地爬起来，走到旁边的书架前，拿起一本童话书，随意地翻了起来。

我走到娜娜身边，一边观察她的行为，一边尝试引导她说出自己的想法。娜娜逐渐解除了警戒，跟我讲述了她不喜欢学校的原因。在孩子的描述中，我仿佛看到了一个无助的小女孩，因为环境的改变和家人的不理解，变得惶恐而无助：幼儿园的时候她开心快乐，但从上一年级开始，一切都变了。幼儿园时可以睡到自然醒，晚上不玩到筋疲力尽就不睡觉，偶尔还可以不上学，跟着爸妈出去玩儿。但上一年级之后，妈妈天天早上都催着她起床、吃饭、上学，多睡一会儿就会被责骂；每天还要写作业写到很晚，如果作业做不完，哪怕很困很困也不能睡觉；以前总是温柔、喜欢逗自己开心的妈妈，现在变得专制而暴躁，每天都催着自己干这个、干那个……娜娜不知道这些转变是因为什么，她只能把一切都归结到上学这件事情

55

上。在她的潜意识里，如果不上学，那么一切就可能回到幼儿园的时期。

我指着童话书里面的一只小松鼠说："你看书里的这只小松鼠，春天、夏天树木茂盛，它每天都有吃不完的食物，可以无忧无虑地生活。但到了秋天，小松鼠就不得不开始辛苦地收集食物，因为秋天过后冬天就会到来，就没有食物了。虽然现在收集食物很累、很辛苦，但这是它不得不做的事情。我们上学也是这样，幼儿园时可以自由自在地玩，但到了一年级就要开始学习了，可能学习会很累，但这也是我们不得不做的事情啊。"

娜娜皱着鼻子说："可是我不想上一年级，我可不可以只上幼儿园啊？"

我问娜娜："小松鼠如果不收集食物，那冬天是不是不会到来呢？"娜娜摇了摇头。

我摸着娜娜的头说："同样的，你不去上一年级，年龄也不会停止增长，你的同学和朋友都上了一年级，将来还要上二年级、三年级，而你只能留在幼儿园，你愿意吗？"

娜娜清脆地回答："不愿意！"我笑了笑，问娜娜："那你还抗拒去上学吗？"娜娜说："我要去上学。"

教会孩子掌控时间：有效的时间管理方法

从幼儿园到小学，环境的改变、规则的变化，都让他们处于茫然和手足无措的状态中。但是由于表达能力的不足，孩子们只能盲目地跟随或拼命地对抗，家长对此也束手无策。

此时，孩子们需要的不是家长急吼吼的催促和责骂，而是耐心和鼓励，让他们认识到，人生不同的阶段有不同的安排，适应了身份的转变之后，再进行学习时间的安排，才能事半功倍。

师生关系融洽，孩子在学校的生活会更安心。

在孩子上学之前，教给他们知识和常识的是父母或者抚养者，到了学校，教育他们的人变成了老师，教授的内容和教育的方式自然有很大的不同。

同时，上学之后，孩子会接触到人生中第一段正式的同伴关系，也就是同学。和同学的关系，不仅会影响到孩子的学习环境，甚至有可能影响到孩子未来的发展。

在中国古代，孩子七岁的时候，家人都要为孩子做两件事情：一是拜名师，二是结朋辈。

拜名师，有高人传道授业解惑也；结朋辈，有年龄相仿的同伴一起求学玩耍。

孩子只有在学校过得开心，才能拥有稳定的心态，才能为以后的学习和生活打下坚实的基础。

为了让孩子的校园生活更顺利，我们可以从两方面努力：

首先是尊重老师。在我国的传统文化中，"尊师重道"一直是非常重要的传统美德，它强调了尊重师长、重视道义的价值观。而在现代社会，这种观念似乎淡薄了很多，但我们依旧要保持对老师的尊重。因为家长对老师的态度，会影响孩子对老师的态度，如果家长对老师的话不以为意，甚至是当着孩子的面说老师的不是，那老师的权威性会大打折扣，孩子对老师的安排也会充满质疑和反对。

阿雅的父母都是大学教授，阿雅上了学之后，经常会和爸爸妈妈说学校的事情。每每说到老师教了什么知识的时候，阿雅爸爸都会露出一副"你们老师只教了这么点儿东西"的表情，甚至打断阿雅说的话，说："爸爸有更好的办法。"然后兴致勃勃地教阿雅那些"更好的办法"。

阿雅父亲的做法，影响了阿雅对老师的态度，她因此对老师充满质疑，老师上课的内容不好好听，老师安排的作业也不好好写，甚至在课堂上打断老师讲课，言语间对老师没有应有的尊重。

久而久之，阿雅的老师们都不喜欢这个学生，觉得阿雅不懂礼貌，态度也不好。阿雅觉得在学校不被老师接

教会孩子掌控时间：有效的时间管理方法

纳和喜欢，每天都过得非常不开心。至于她爸爸教的那些"更好的办法"，因为阿雅缺乏足够的基础知识支撑，并不能掌握那么复杂的知识，所以她的学习成绩一落千丈。

经过我的提醒，阿雅爸爸意识到了自己的错误，改变了自己的言行，在听孩子聊学校、说老师时，不急于打断和否定，而是肯定老师的教育方式，一点一点改变老师在阿雅心中的形象。

因为对老师多了信任、少了质疑，阿雅在课堂上越来越专注，老师也感受到了阿雅的转变，对她的态度也越来越好，阿雅终于回归了正常的校园生活。

这件事情告诉我们，父母应该与老师建立信任和合作的关系，不要轻易怀疑老师的教育方式。同时，对于孩子在学校遇到的问题，家长不应该以自己的意愿代替孩子的选择，而是应该鼓励孩子逐渐成为一个独立思考、自主决策的个体。通过这样的方式，孩子才会受益于家庭和学校的多重纵深引导，实现全面、稳定的成长。

另外，我们要多聆听孩子说的话，鼓励孩子多和同学互动玩耍。

每天回家之后，孩子在餐桌上、在客厅里絮絮叨叨对我们讲学校发生的事情，是我们为数不多了解孩子校园生活的途径。因此，千万不要觉得烦，也不要随便"嗯"几声应付过去，家长应该仔细倾听，用心去了解孩子在学校里吃了什么东西、上了什么课、结交了什么样的同伴。这样不仅是对孩子的尊重，也可以从孩子的话中，拼凑出孩子校园生活的拼图，有助于我们更好地了解孩子、及时地处理问题。

同时，我们应该鼓励孩子多和同学互动，引导孩子建立正向的交际圈，让孩子感受到积极的、正面的人际关系。

孩子的成长不仅需要得到家庭的关怀，还需要与周围的同龄人进行良好互动。我们作为家长应该鼓励孩子参加不同领域的活动和项目，更多、更广泛地结交朋友，这不仅可以帮助孩子更好地了解自己，也有助于他们拥有更多的机会锻炼社交和人际沟通能力，并体验成功感和成就感。在这个过程中，家长不仅要提供孩子所需的支持和引导，还需要从心理上给予孩子鼓励和支持，以培养孩子对自己和他人的信任，以及对未来的积极期待。

在鼓励孩子与同学互动时，父母需要尊重孩子差异化的需求和偏好，把握好平衡度，不要"一刀切"，以促进孩子自主、积极、健康地建立交际圈。家长可以倡导更加开放互惠的社交习惯，提供一个相互交流和学习的良好环境，给孩子展示更多正向的人际关系模式。

教会孩子掌控时间：有效的时间管理方法

通过鼓励和仪式感，让孩子喜欢写作业。

除了上学和放学，我们还可以通过做作业来让孩子学会时间管理。想要调动孩子的自主性，让他们自发地喜欢写作业、自觉安排学习时间，仪式感就是其中一个重要的因素。

依依上一年级了。在一次学校组织的亲子活动上，孩子们依次做自我介绍，并且说出自己的兴趣爱好，如果其他小伙伴有一样的，两个人可以击掌庆祝。依依很开心地介绍了自己，说自己的爱好是画画和做手工，有好几个小伙伴和她击掌。在下一个小伙伴接过话筒时，依依又高举右手说："我还有一个，还有一个！"老师示意她说，她兴奋地说："我喜欢写作业！"这下所有小朋友都不说话了，面面相觑。

很多人和依依的妈妈取经，询问她让依依喜欢写作业的办法。

依依妈妈笑着说："在依依第一次做作业的时候，我很正式地去买了一个蛋糕，晚上回家全家人一起围着蛋糕点蜡烛，庆祝她终于有作业了。我们还拿着她喜欢的一个小玩偶，采访她写作业的好处。过去这么长时间了，我依然记得当时烛光中依依的回答。她开心地说写作业可以练字，可以买漂亮的笔，写得好可以得到老师表扬，可以和小朋友比赛……不管她说什么，我们都报以热烈的掌声，不停地说"依依真棒"。这份喜悦一直延续到二年级，依依在学习和写作业上几乎不用我们操心，她自己就能安排得很好。"

生活需要仪式感，学习尤其如此，可以让孩子们在新奇、有趣、体验良好的环境下，培养兴趣和勇于探索的动力源。因此，我们需要考虑如何通过仪式感，增加孩子的学习兴趣和积极性，这也是孩子时间管理的开始。

三步法训练孩子写作业，家长再也不用督促。

孩子的性格是不稳定的，如果通过仪式感和鼓励，孩子依旧不喜欢写作业，甚至非常抵触乃至抗拒，那么我们可以采取一些手段，慢慢训练和改变孩子，让孩子能够自觉地去学习和写作业，无须家长不停催促。

第一步：事前有约定。

（1）明确写作业的目的：巩固已学的知识，锻炼做题的速度。

（2）预习：这一点是很容易被家长忽视、被孩子跳过的步骤，但非常重要。

很多孩子写作业慢的原因就在于他们对知识点不熟悉，越急于做题越做不出来，越做不出来越不想做，越不想做就越拖时间，越拖时间就越沮丧，最终往往不了了之，形成了恶性循环，每次一说写作业，就异常抵触。

而预习知识点，就很好地解决了这个问题，让孩子能够清楚接下去学习的内容以及自己不明白的地方，带着问题去上课，是典型的"磨刀不误砍柴工"。

（3）不卡时间不做题：怎样提升孩子写作业的效率呢？时间，是一个很好的标准。

先预估完成某一科作业所需要的时间，再根据孩子注意力能够集中的时间定好闹铃，在单位时间内集中完成，然后做复盘和对标。

这样不仅有效解决了孩子考试时时间不够用的问题，也能延长孩子注意力集中的时间，提升孩子的听课效率，是不是一举多得呢？

（4）约定奖惩机制：奖惩标准一定要和孩子商量后确定，不能"一言堂"，如果不这样的话，孩子也不会心服口服。而制订奖惩机制的原则是：奖要奖得恰到好处，罚要罚得心服口服，总之是孩子和家长都能接受。

可以利用家庭会议的方式，商定奖惩机制，但制定好标准之后就要严格执行，不能随意更改。

第二步：事中有提醒。

根据孩子注意力集中的时间来安排一个阶段的学习时长，"留余"很重要。提醒时的方式，尽可能是无声的，以免让孩子产生抵触感。

提醒时的态度不能对孩子指责、抱怨、发怒等，而是应该温和而坚定，才更有助于孩子平稳过渡，更快进入学习状态。

第三步：事后有总结。

用约定的动作，如击掌，庆祝孩子这一阶段的成果，这是让孩子产生自信、愿意继续尝试的关键。鼓励孩子的思考与总结，让孩子知道这是他本身就具备的优秀品质，相信自己下一次能做得更好。

刚开始可能会花费一些时间，但一旦孩子养成习惯，就会自觉自发地去写作业，而不需要家长在后面不停唠叨、不停催促。这种催促，你烦，孩子也烦。

● **中年段：三四年级**

学会带着思考去做规划。

孩子从三年级开始，不仅仅有了自我意识的觉醒和独立

教会孩子掌控时间：有效的时间管理方法

的需求，有的孩子也开始有了学习的目标感，不再只是为了家长的要求而学习，这也就预示着家长要帮助孩子学会做时间规划了。

这个年龄段的大多数孩子，对于时间已经有了概念，可是在单位时间内制订合适的计划，很多孩子要么没有这个意识，要么不知道具体怎么做。他们往往会把关注点放在"时间"上，只想着还有多久能结束，却完全不注意自己在这段时间里做了什么，该用什么样的方式来度过这段时间也没有清晰的规划。结果就是孩子空有计划，真正的时间却被浪费掉了。

小小有一次和妈妈去公园玩儿，在挑战一个走迷宫的项目时，就因为没有规划意识而吃了大苦头。

小小看妈妈付了钱，就迫不及待地一头闯进了竹子扎的迷宫里，兴冲冲地往前跑，一副胸有成竹的样子。

没想到转了半天都没有转出去，到处都听到有人说话，却因为身高限制了视线，根本找不到是在哪里说话，也分辨不出东南西北。哪怕他边走边跳起来试图看清路线，累得满头大汗，还是无济于事。四十多分钟后，他不得不跟妈妈低头承认，好像真的是迷路了。

妈妈没有责备他，只是提醒他说："不着急，先歇会儿。做事情之前要学会规划，花点儿时间思考一下——这件事情有没有必要做？到底怎么做才能做得更好？整体会用到多长时间？看起来仿佛比一开始就行动的人慢了半拍，可是磨刀不误砍柴工，前期准备做得越充分，规划越清晰，在行动的时候就越容易达到事半功倍的效果。"

小小认真听完，重重地点头："是的，妈妈，那我们现在该怎么办呀？"

妈妈笑着建议道："你可以尝试继续在这里找出路，只是我们已经走了四十多分钟，你考虑一下继续用同样的方式走出去的可能性；也可以选择让工作人员带我们出去，再走一次，如果需要重新买门票，就用你的零花钱来支付。不管你选择哪一种，妈妈都支持你。"

小小认真思考之后决定：回到起点，再来一次！

再次开始走迷宫之前，小小没有像第一次那样迫不及待地行动。而是拿出纸和笔，找到附近的一个高台，把整个竹子迷宫看得清清楚楚的，并画出了平面图，还大致估算了每一条有可能的路径和会花的时间，最终选择了一条用时最短、最有可能成功的路线。

当小小和妈妈拿着路线图再次进入迷宫时，一切都变得顺利多了，按照路线图直行、右转、再左转……只用了十多分钟的时间，就快速地从入口走到了出口。

教会孩子掌控时间：有效的时间管理方法

小小开心地跳了起来，虽然多花了一次门票钱，可是他的收获是无法用金钱来衡量的。

很多人，尤其是孩子，在做事情的时候是没有提前思考的。要么一门心思往前冲，撞到南墙的时候才知道转身；要么就人云亦云，觉得别人成功的办法，自己只要照葫芦画瓢去实行就行，但这样的结果往往是失败之后重新来过，就会浪费很多时间和精力。如果在做事情之前深思熟虑，就能避免很多损失。

制定时间计划表，对学习的安排更清晰。

很多孩子，尤其是一些成绩不太好的孩子，往往是想到什么就做什么，时间规划也是随意的。

如果他们能学会在单位时间内制订合适的计划，那就既能合理地安排自己的时间，也能对自己的生活和学习有更加清晰的认识。

冰冰平时没有做计划的习惯，妈妈经常提醒她要学会做计划表，这样才不会手忙脚乱，像一只无头苍蝇一样到处乱撞。冰冰却不以为然，觉得自己每天就是上学、吃饭、写作业，来来去去就是那几件事，根本用不着做计划。

直到临近一次重要的考试，其他同学都做好了考前复习计划，按部就班地复习每一门功课。冰冰却毫无头绪，感觉好像每个内容都知道，可是貌似又没有完全掌握，尤其那些重点知识，更是似是而非。考试成绩出来了，别的同学都有或大或小的进步，冰冰的成绩却非常不理想，得到了她有史以来的最低分。

通过这次考试，冰冰意识到，她错过了太多的准备和复习，没有深入了解自己需要注意的重点，也没有看到其他同学已经做出的积极努力。当看到自己的成绩时，她意识到必须学会做计划表，并按照计划表执行。

冰冰是一个要强的孩子，她意识到，自己再这样漫无目的地学习下去，成绩只会一再下滑，而这是她不能接受的事情。于是，她深入分析了自己的问题和需要关注的方面，将每一天的时间分成了预备阶段、复习阶段和执行阶段。同时，她还为自己设定了目标，并将目标与计划表相结合，以便更有效地对接每一次的操作和结果。

在执行计划之后，冰冰发现这实际上比她想象的要简单得多。她感觉自己不必再随意地做事情，而是像一个勤奋谨慎的人，根据计划表有目的地分配时间和精力。每一步成果清晰可见，让她信心倍增，对于未来的学习充满了热情。

教会孩子掌控时间：有效的时间管理方法

虽然计划表从某种意义上来说约束了我们的行为，但正是这种约束让我们形成了好的习惯，时间安排更加合理，做事情也变得有条理、有目标。

在计划的执行过程中，能得到自己想要的结果的体验，以及每一次渐进式的努力，都能够让我们清晰、活跃地设想未来。所以，计划表可能很初步，但能带给我们巨大的满足和快乐，不管是在学习方面还是生活方面。当我们清楚地知道自己要做什么时，就不会浪费时间，而是可以专注于最有意义的事情。

我们通常做的计划表，更多是指短时间内的规划，在和孩子一起制定时，要注意以下三点。

第一点，时间安排不要太满，也不要超出孩子的能力范围。如果时间安排得太满，在开始的时候就很有压力，一旦哪一个环节没有按时完成，后面所有的安排都会受到影响，而失败的经历也会影响孩子的自信心；超出孩子能力范围的安排哪怕再完美，没办法完成，就没办法得到结果，自然就不会引发孩子尝试的兴趣了。

第二点，计划内容要灵活，劳逸结合更自由。如果内容安排相对单一，过于细致、死板，孩子很容易就会产生厌烦感，自然也难长时间地坚持下去。所以，计划内容不仅仅是安排学习和生活，也应该适当穿插活动、游戏等，劳逸结合，让孩子玩得开心、学得投入。

　　第三点，时间要有弹性，阶段性奖励养成好习惯。古人云："贵有恒，何必三更眠五更起；最无益，莫过一日曝十日寒。"很多孩子制订计划很容易，坚持却很难。在计划表中，对于完成某件事情的时间要留有空间，即便有什么突发事件或者孩子有情绪波动，也不至于影响后面计划的进行，不能唯恐浪费孩子的每一分钟，甚至精准到秒，完全不留空隙。在持续一段时间后，要进行阶段性的小结，并及时给予奖励。尽量避免物质奖励，而是选择精神食粮，如家庭聚餐、看电影等。孩子会带着这份喜悦，继续冲向下一个阶段的目标。

抗干扰，区分个人意识和集体潜意识。

　　意识和潜意识是心理学名词，听起来好像很专业、很虚无缥缈，却实实在在地影响着我们的学习、工作和生活，对于这个年龄段的孩子来说更是如此。

　　依依本来是非常喜欢写作业的，但是到了三年级，她突然对写作业有了很大的意见，不仅写作业拖拖拉拉，还经常抱怨，脾气也越来越大，甚至需要妈妈催促她才肯打开书本写作业。一天下午，妈妈催促她时，她突然就爆发了，边哭边喊："烦死了，作业太多了，根本写

教会孩子掌控时间：有效的时间管理方法

不完！"

妈妈看着依依，坐在她旁边，没有着急说话，只是时不时地递张纸巾。十多分钟后，她逐渐安静下来，妈妈伸手抱着她，依依抽泣着依偎在妈妈怀里，两人就这样坐在地上，你来我往地聊开了。

"我看到你又哭又喊，也听到你说作业太多了做不完，是这样的吗？"妈妈轻声问。

依依仍然带着情绪地说："对呀，布置那么多作业，根本就做不完！"

"是你觉得做不完，还是大家都觉得做不完呀？"妈妈继续追问。

"大家都这么说，都说老师烦死了，作业那么多！"

"哦，那你也写不完吗？"

她愣了下说："我能写完呀！"

妈妈看到她的反应就明白了，笑着继续说："你的意思是，你是可以写完作业的，只是你的很多同学会认为老师布置的作业太多了，是这样的吗？"

依依思考了一下，突然吐出一口气，说："是的，大家都这样说。"

"所以，你刚才那么大的情绪反应，不仅仅是自己的情绪，还有班里其他同学的情绪，对吧？这也不稀奇，你本来就很热心，喜欢打抱不平。"妈妈边说边摸了摸依依的脑袋，夸奖道，"祝贺你呀，一是对于作业有了新的认知，不只是看到写作业的好处，顺利地由以前非黑即白的二元世界，迈入了多元世界；二是你知道了什么是集体情绪、什么是个人情绪，也学会了如何区分，以后我们依依就不会再被别人影响，能够坚持做自己的事情了吧？"

依依不好意思地笑了，说要赶紧回去写作业。

所以，三四年级的孩子，思维发展不成熟，情绪更难以控制，经常会被身边的同学影响。此时我们要帮助孩子分清哪些是他自己的想法、哪些是身边人的影响，并帮助孩子摆脱周围对他产生的负面影响，让孩子能够按照自己的计划一点一点前进。

家长思考题

带着思考做规划，应该做哪些准备？又应该怎样思考？

教会孩子掌控时间：有效的时间管理方法

● 高年段：五六年级

关注孩子心理健康，适当减负。

五六年级的时候，孩子课业更繁重，他们即将面对人生中第一次重要的考试——小升初，压力也更大。此时的孩子们已经具备了一定的时间管理能力，因此，我们家长的重心应该放在对孩子时间管理的微调上，也应该更加关注孩子的心理变化。

小芮即将面临小升初的考试，平时她的父母经常对孩子耳提面命，告诉她考上一所好的中学有多重要，并且反复强调如果她考不上好的初中，将来会过得多么悲惨，因此小芮背负着很大的压力。

为了考上一所好的初中，小芮每天都学习到很晚，白天也抽出所有的时间用来学习，经过一段时间之后，她的成绩确实出现了明显的上升，一切都向着好的方向发展。

但前段时间她的妈妈找到我，说小芮最近成绩突然下降，更严重的是，小芮开始恐惧课堂和考试，甚至听到

73

"考试"两个字就颤抖恶心。

我了解了小芮的日常时间安排之后,发现孩子的学习把每天的时间占得满满的,除了吃饭、睡觉和学习,再没有其他活动,甚至睡眠时间都不太够。

我向小芮妈妈建议,更改孩子的时间安排。现在孩子正是生长发育的时候,要保障她充足的睡眠,而且日常除了学习,也应该有其他活动,比如运动、休闲、游戏等。但最重要的是,一定一定不要给孩子太大的心理压力。要根据孩子的实际情况,在学习上适当地给予鼓励和支持,让孩子感受到自己的努力被认可、被赞扬。同时,也要容忍孩子的失误和错误,相信自己的孩子能够在智力和精神上得到更好的成长和进步。

高年段的孩子已经有了丰富的时间管理经验,此时家长如果强势干预孩子的时间安排,反而会取得反效果。因此我们要做的是疏导,及时发现孩子哪里有不对劲的地方,及时进行引导和调整。而且这个年龄段的孩子普遍压力大,作为家长,不应该再给孩子增加压力,而是及时进行心理纾解。在帮助孩子设计时间表和合理安排课程的同时,不能给予孩子过大的心理压力,千万不要以成绩作为成功的唯一标准,而是要着眼于培养孩子各方面的素质,全面地发展他们的潜力。只有合理的计划和安排，以及轻松的心态，才能最终成就优秀学业和健康成长。

要知道，在学习中，压力是一把双刃剑。适度的压力可以激励孩子努力学习、提高成绩，但是如果心理压力过大，可能会导致孩子产生焦虑和恐惧，甚至影响他们的身心健康。当孩子在压力下开始出现焦虑、抑郁等情况时，家长需要及时关注，给予孩子足够的温暖、关爱和支持。同时，在必要的情况下，考虑通过心理咨询的方式来帮助孩子化解心理负担。这样可以让孩子获得更多的慰藉和支持，从而重新拥有自信和勇气去面对学习和生活中的种种困难。

掌握与孩子的相处界限，尊重孩子的独立属性。

这个年龄的孩子不仅身高开始突飞猛涨，自我意识也在悄悄萌芽，可是对于自我的认知和掌控力还不匹配，于是就出现了很多行为上的矛盾和对抗。

小菲终于上五年级了，在此之前，所有的事情都是妈妈帮着做的。有一天下午，她在写作业的时候，妈妈直接推开房门，要帮她打扫房间。妈妈依然跟往常一样，边整理边唠叨："都这么大了，还是女孩子，一点儿都不知道整洁，都不会把自己的房间收拾好吗？天天就像住在猪窝里一样……"

妈妈的话还没有说完，小菲突然就爆发了，很生气地说："我又没有让你整理，以后不要随便进我的房间，懂不懂尊重隐私呀？以后进我房间、动我的东西，必须要经过我的同意！"小菲边说着，边生气地把妈妈推出了门外。

妈妈一下子愣住了，她不知道自己做错了什么，也不知道孩子到底发生了什么事情。一向温顺的孩子，怎么突然就变得这么暴躁呢？

事情发生得太突然了，对妈妈的打击又太大，爱唠叨的妈妈除了脑海中不断盘旋的那句"我就是养了一个白眼狼"，竟气愤得不知如何是好，只是坐在客厅里，难过地生闷气。

爸爸回来后，只是问了句："怎么坐在那里发呆呀？饭做好了吗？"妈妈一下子炸了："吃吃吃，就知道吃，除了吃你还会干啥！"爸爸愣了一下，也察觉到家里气氛不对。在听了妈妈的哭诉后，爸爸没说什么，拍了拍妈妈的肩膀，就敲门进了小菲的房间。

小菲还没等爸爸说话，就不耐烦地说："烦死了，妈妈今天已经骂了我半天忘恩负义了，你也要过来一起骂我吗？"

爸爸和颜悦色地说："我为什么要骂你？爸爸是来叫

教会孩子掌控时间：有效的时间管理方法

你吃饭的，你妈妈做了一桌子的好菜。"

小菲一听愣住了，沉默了一会儿后，对爸爸说："对不起，我不是故意和妈妈发生冲突的。我今天本来题就不会做，跟同学也闹了点儿小矛盾，妈妈还在旁边唠叨我，我就没忍住。其实我也不知道我怎么了，就是莫名觉得烦躁，总想发脾气。"

爸爸摸了摸小菲的脑袋说："这里面呀，住着很多个小人儿，掌管着不同的区域，拥有不同的魔法。负责情绪、情感的区域发展得很快，负责理性思考的区域发展速度相对缓慢。当你面对不同的人或突发的事，两者之间没办法协调发展，你的行为自然就受到冲得比较快的情绪、情感的影响，显得不妥当，事后又觉得懊悔、自责。"

小菲边听边点头："嗯，就是这样的，我也不想的，就是控制不住。"

爸爸又接着说："可是呢，作为主人，也不能放任情绪的发展，对吗？那做一些什么事情，可以让情绪、情感在受到挑战时，能受理性思考的控制呢？"

父女俩就这样你来我往地探讨起来，小菲也态度端正地给妈妈道了歉。爸妈也意识到孩子真的长大了，有了自己的思想和意识。作为家长，要尊重孩子的空间和心理界限，不随意侵占孩子的领域，又要在孩子需要支持时及时出现。这个尺度很难把握,需要家长时刻关注孩子的成长,并将他们当作一个独立的个体去对待。

> **家长思考题**
>
> 1. 你的孩子处在哪个阶段?家长应该怎样帮助孩子进行时间管理?
> 2. 当你的孩子出现异常的时候,你能及时发现吗?

教会孩子掌控时间：有效的时间管理方法

3 张弛有度，激发孩子的自主管理意识

● **学会尊重，让孩子成为独立的个体**

孩子的成长真的是一个充满了挑战和不可预测性的过程，他们也在和家长的"斗智斗勇"中不断提升能力、完善自我。这个过程不是自然发生的，不仅需要家长和孩子一起做好规划，更要有智慧地进行"监测"，让经历真正成为孩子成长的经验，而不仅仅是经过。

很多家长向我吐苦水："为了让孩子能够赢在起跑线上，我花大价钱给孩子报了好多课外班，大部分的薪水都投入孩子的身上，自己这也不敢买、那也不敢买。可孩子非但不领情，不愿意去补习班，甚至还和自己发脾气，一点儿都不能理解父母的苦心。"

李铭是一个学生，他除了每天的学习任务以外，还要参加各种课外辅导班。他经常和父母抱怨自己太累了，想要休息一下，或者跟朋友一起玩玩游戏。但是，他的妈妈

79

经常以"你再累能有我们累吗?"为理由拒绝,继续让他去参加这些辅导班。

李铭并不是很喜欢这些额外的任务,但是他也没有办法反抗妈妈的安排。他不得不放弃自己的休息时间,去完成那些他并不喜欢的事情。时间一长,他内心的不满越来越多,终于有一天,他和爸爸妈妈大吵了一顿,把自己锁在房间里不出来,不仅不再去参加那些辅导班,甚至不愿意去上学了。

他妈妈找上我的时候满面愁容,我告诉她,一个孩子无法承受太多的压力,如果过多地安排任务,孩子的兴趣和动力会被消磨殆尽。而且这种课外辅导班在精不在多,与其强制孩子参加各种辅导班,不如让孩子自己选择最感兴趣的去学习。

妈妈虽然担心孩子报的辅导班太少会跟不上同龄人的进度,但因为担心李铭,还是听从了我的建议,将所有的辅导班罗列在一起,让李铭自己选择。李铭选来选去,只选了一个篮球兴趣班,数学、英语等辅导班全部画掉。他妈妈看得直皱眉,但因为有前车之鉴,所以并没有说什么,还是尊重了孩子的选择。

李铭每天只是上上课,课外完成作业以及参加篮球兴趣班,但他的成绩不仅没有下降,反而略有上升,因为他

教会孩子掌控时间：有效的时间管理方法

对于学习不再满心愤怒，反而能静下心来投入进去。与此同时，他的身体也因为篮球课而越来越健康。他不再是那个总是抱怨的孩子，而是成了一个热爱生活、有目标的孩子。他变得更加自信，也拥有了自己的生活节奏。他不再被妈妈的安排所束缚，可以更加自由地决定自己的时间和生活方式。

家长替孩子做选择的行为只会让孩子变得越来越被动和消沉。相反，给孩子一定的自主权和信任，让他们规划自己的时间和生活，更有利于他们的成长和发展。

一旦家长替孩子做出选择，孩子就会失去对自己人生的掌控感。当孩子意识到自己没有能力自主决策，他们很可能会变得消沉而麻木。他们可能开始觉得自己的生活没有目标、没有动力，因为他们没有在自己的生活中产生积极的影响。过度的干涉还会挤压孩子们的想象力和创造力，让孩子们过分依赖家长的决定，这会导致他们在面对困难和挑战时缺乏勇气和信心，无法独立应对。

给孩子一定程度的自主权和信任，会激发他们的内驱力和独立性。让孩子们自己规划时间和生活，不仅会促进独立性的发展，更有助于他们在未来应对各种挑战。当孩子们自己做决策时，他们不仅会对自己的人生负责，还能够在学校、公司或是社区等环境中坚持自己的想法。

当然,最重要的是家长要学会尊重孩子,不要把孩子当成自己的"所有物",而是一个活生生的人,有思想、有喜怒、会疲惫、会消沉的人。家长应该学会倾听孩子的意见以及心情,尊重他们的决定,让他们感受到自己的意见和行动是受到尊重和赞扬的,这会鼓舞他们更加慎重地考虑自己的决策,有助于他们的成长。

让孩子们成为更加独立、自主的人,这将是家长送给孩子最好的礼物,也是对其成长至关重要的助推力量。

家长思考题

1. 你是否思考过孩子想要学习的兴趣方向?
2. 你是否愿意把选择权交到孩子手里?

● 榜样的力量:和孩子一起进步,成为孩子的精神支柱

虹虹母亲找到我,说虹虹回到家之后并不学习或做作业,不管他们夫妻怎么管教,孩子都一心扑到手机上,只

教会孩子掌控时间：有效的时间管理方法

想玩游戏、看动画。此时，在旁边安安静静听我们说话的虹虹突然高声反驳："凭什么你和爸爸回家之后能玩手机，我就不可以？你们是不是欺负小孩？！"

虹虹妈妈面露尴尬，随即一本正经地教育虹虹："我们是大人，我们白天的工作已经做完了，所以能看手机，你的功课没有做完，当然不能玩手机了。而且我们上学的时候也和你一样，是不能玩手机的。"

"那为什么你们下班之后不用做作业，我就要做作业呢？"很显然，虹虹妈妈的这套说辞没有说服虹虹，虹虹还是一副不服气的样子。

虹虹妈妈一时之间不知道该怎么反驳，脸上尴尬的神色越来越重。

我听了之后建议虹虹妈妈，当孩子做作业的时候，他们也放下手机，专门抽出这段时间来跟孩子一起学习，以身作则，这样虹虹内心就不会有落差感，才会沉下心好好学习。

虹虹妈妈说："可是我们上了一天班，回家之后想休息一下啊。"

"孩子也上了一天学，她也想放学回家之后休息一下啊。试想一下，当你在做饭、收拾卫生的时候，你丈夫在旁边躺着玩手机，你心里尚且不平衡。那为什么你会觉得，当孩子在学习和写作业的时候，父母在旁边玩手机，他们心里会没有芥蒂呢？"

虹虹妈妈听了我的话，平静下来，保证道："好的，老师，以后我们不会当着孩子的面玩手机了。我和她爸爸尽量和孩子一起学习。"

不久之后，虹虹妈妈专门来感谢我，说不仅孩子能够老老实实写作业了，自己因为和孩子一起学习进步，之前考了好多次没拿到手的证书，这次居然也考下来了。

都说家长是孩子最好的老师，家长的一举一动都会对自己的孩子产生影响。试问，家长都做不到的事情，又怎么要求孩子去做到呢？

而且"不患寡而患不均"这句话，并不仅仅适用于孩子之间，同样适用于孩子和家长之间。同样都是回家，家长可以肆无忌惮地玩手机，孩子却只能去学习，他们的内心会产生非常大的落差，也会非常不服气，自然就对家长的话有怀疑，不会去遵守家长的安排。

父母是孩子接触时间最长的人，都说什么样的家长养出什么样的孩子，这就是家长一言一行对孩子产生的影响。

而且我们进入社会之后，难道就不需要继续学习进步了吗？和孩子一起学习、一起进步，是对孩子和父母的双重激励。

教会孩子掌控时间：有效的时间管理方法

涵涵的爸爸妈妈非常注重言传身教的力量，夫妻俩对于未来规划和当下要做的事情，都是有商有量地提前做好计划，再一步步实施，即便遇到挑战或者无法按照原定安排推进，也不慌不忙地实施备选方案。那份淡定从容深深地影响着涵涵。在涵涵心中，爸爸妈妈不仅做事情很有章法，情绪也非常稳定，给足了涵涵安全感和支持。

在涵涵上幼儿园的时候，爸爸妈妈就会跟她一起画时间规划图。一个大大的钟表图，不同位置有不同的行为贴图，每完成一项，就会贴一朵小红花。等小红花累积够一定数量，就会有相应的惊喜奖励。涵涵每天都能按照自己喜欢的方式来画规划图，也特别享受任务完成后的惊喜奖励，一家人其乐融融，从来没有因为时间而发生冲突。

等涵涵上了小学三年级之后，家里就开始用表格的方式来设计每天的时间规划，小红花也变成了不同颜色的对勾。涵涵既是规则的设定者，也是记录的创造者，还是自己的监督员，根本不需要爸爸妈妈的提醒，成了一个特别会安排时间的"别人家的孩子"。

一个时间管理的好习惯，不仅让家里其乐融融，让爸爸妈妈省时省力，最主要的是，孩子因为掌握了时间管理的方法，而成长为一个懂事、有规划、有执行力的好孩子。

由此可见，跟孩子一起制订了计划后，千万不要以为高枕无忧了，全交给孩子自由发挥；也不要等到孩子无法完成时，在旁边冷嘲热讽；而是要在制订计划时就考虑到各种情况，既要设定备选方案，也要跟孩子约定好在计划实施过程中的提醒。

> **家长思考题**
>
> 1. 你会当着孩子的面玩手机吗？
> 2. 你是否愿意专门抽出时间来，陪着孩子一起学习？

4 犯错后总结，让孩子离正确的选择越来越近

针对不同年龄段的孩子，制定最适合他的时间管理规划，并且在规划实施的过程中，用不同的方式提醒和支持，相信家长已经掌握了这些方法，也能初步做到张弛有度。但事情总是不会那么完美，不管是家长还是孩子，都会犯错。那么，回顾自己犯过的错误，总结经验，避免再次犯错，就是我们需要做的事情了。

很多父母会忽视这一步，以为孩子不哭不闹、按照约定把事情做完了，就大功告成了。实际上，事后总结才是真正最有力的推动孩子快速成长的方式。

小文特别喜欢跟爸爸一起登山，小时候，每次登山前，他都会在旁边看爸爸列计划、整理物资等。再大一点儿，他也参与其中，并且乐此不疲。到六年级的时候，爸爸甚至放手完全由他自己来列计划和做准备。

第一次去的是安全系数比较高的小山。在出发前，小文已经根据以往的经验，模仿爸爸列了物资清单，并且按

照清单一样一样地准备和清点了物资,还按照最简洁、最省空间的方法放进了背包中。

天亮就要出发了,小文兴奋得翻来覆去,很晚才睡着,同时他也担心自己准备不充分、明天会迷路。可是想起爸爸全然信任的眼神和拍他肩膀时有力的手,他又多了一份安心和信心。

第二天一大早,二人开始登山了,仿佛跟以往一样,又好像有哪一点不同了。小文大踏步地走在前面,给爸爸指着路、说着景,而不是像往常一样跟在爸爸后面,由爸爸领着他走。他像飞入山中的小鸟,欢快地跳跃着,恨不得放声高歌一曲。爸爸看到他开心自信的样子,也觉得儿子真的长大了,毫不吝啬地一次次地伸出大拇指。

但好景不长,山顶一片乌云飘来,还没有等小文反应过来,天上已经噼里啪啦地下起了大雨。小文一下子慌了,在爸爸的帮助下翻遍了背包,也没看到雨伞或者雨披,原来他忘记带雨具了。

小文懊恼至极,不得不和爸爸找了一个远离大树、相对空旷的地方,把背包顶在头上避雨。虽然爸爸没有责备他一句,但他还是很难过。爸爸不在意地笑笑,邀请他一起欣赏雨中美景,两个人一边聊天一边淋雨,似乎也是一种新奇的体验。不久之后,雨停云歇,天边挂出了一道美

教会孩子掌控时间：有效的时间管理方法

丽的彩虹。

小文和爸爸一起把背包里的东西拿出来，挂在树上、放在岩石上晾晒。爸爸很认真地看着小文说："孩子，你今天做得很不错！"

小文一下子愣在了那里，说："可是……我连挡雨的工具都没有拿，爸爸你为什么还说我做得不错呢？"

爸爸摸摸小文的头说："你是第一次独立地准备东西，犯错在所难免。你能考虑到大多数情况，这已经很不容易了。"

爸爸又接着说："但你还是忽略了下雨这个情况，是不是？"

"是的，我没有想到山上会下雨，所以忘了带雨具。"小文回答。

"那你为什么会忽略这个情况呢？"

"因为我没有做好前期准备，没有考虑全面。"

爸爸欣慰地说："是的，前期的准备非常重要，要考虑到每一个场景，尤其是突发事件的处理。你能够马上发现这一点，而且勇于承担责任，爸爸为你感到骄傲。"

爸爸继续说："那以后再有类似这样的事情出现，我们怎么做会更好呢？"

小文思考了一下，跟爸爸说："在准备东西的时候，

89

既要考虑到实际情况，也要考虑到突发事件，并准备相应的物资。出发之前多检查一下，也可以让爸爸帮忙检查，看看还缺了什么。还可以查一下沿途的路线，看看当有一些紧急情况出现的时候，可以去哪里避险……"

爸爸听着小文越来越完善的方案，再次夸奖了他。每个人都可能犯错误或者出现疏漏，事后及时总结，可以让下一次做得更完善、更好。

在孩子的教育上，事后总结是一种非常重要的教育方式。这种方式不仅可以帮助孩子改正错误、发现不足，还可以培养孩子的整体思维、框架式思维、分析能力、表达能力以及自信心。

首先，孩子在回顾全程并找出关键事件时，就有了整体思维和框架式思维。孩子们经常会钻牛角尖，只看到一点儿问题而忽略了整体。但是，当他们需要回顾整个过程并找出关键事件时，就必须具备整体思维，才能厘清各个环节之间的联系和影响。同时，该过程还能帮助孩子形成框架式思维，把重要事件在心中按顺序组织起来，从而更加深刻地理解所学内容。

其次，针对问题进行思考，锻炼了孩子分析事情的能力，也培养了他对事物的认知能力。孩子在课堂上或做作业时，难免会遇到一些问题。如果不经过思考、不能得出结论，那么这些问题就无法得到解决。而事后总结就是让孩子花时间去考虑它，思考问题本身以及相应的解决办法。在这个过程中，孩子分析问题的能力提高了，对事物的认知能力也进一步健全了。

再次，把思考的内容说出来，提升了孩子的表达能力和沟通能力。孩子们有时会感到害羞或紧张，宁愿保持沉默，而不愿表达自己的想法或意见。但是，当孩子尝试把自己的想法表达出来时，他们将不得不克服这种心理障碍。随着孩子改进表达方式和向别人表达自己的能力，并了解了如何为自己辩护，他们会变得更加自信，能大胆地抒发自己的心得。

最后，当孩子全面认识自己而不是单纯批判时，自信心就得到了滋养和提升。一些孩子可能因为成绩不如意而丧失了自信，而事后总结会让他们认识到自己在哪些方面做得不够好，同时还能找到恰当的解决方案。孩子们知道了自己有哪些优点和缺点，并从中吸取了教训，他们的自信心就会慢慢地增强。

综上所述，在孩子的教育上，事后总结具有多重益处。它有助于培养孩子的整体思维、框架式思维、分析能力、表达能力以及自信心。事后总结还能帮助孩子结合自己的实际情况，寻找自己存在的问题，帮助他们逐渐找到解决问题的方案。同时，孩子在总结中还能学到更多的知识，进一步获得成长。上述所有优点均使得事后总结成为一种非常值得提倡的教育方式，据此，我们应该鼓励孩子们在日常的学习和生活中经常进行事后总结。

> **家长思考题**
>
> 1. 你的孩子都犯过什么错误？
> 2. 当孩子犯错误的时候，你是怎样处理的？

第3章

任务管理训练：提升做事效率，节省做事时间

> 在今天和明天之间，有一段很长的时间，趁你还有精神的时候，学习迅速办事。
> ——歌德

1 做好任务管理，懂得区分轻重缓急

孩子有了时间管理的概念，在做事情的时候也知道要提升效率，这不仅仅是孩子思维意识的提升，也有助于激发孩子多方面的潜能：自信心提升，增加对事情的掌控感；人际关系融洽，可以更从容地玩耍和体验；学习能力提升，成绩自然而然地提高……

孩子上了小学之后，学习任务加重，需要做的事情也越来越多，不仅要完成学校的课程和作业，还要参加各种兴趣班，留给自己的时间是非常有限的。

我们之前说过，家长可以让孩子将所有需要做的事情列出一个清单，先做重要的事情，再做不那么重要的事情。这样可以有效提升孩子时间管理的能力，也能提升孩子做事情的效率，避免孩子在无关紧要的事情上浪费太多时间。

但是，如何区分事情的重要程度呢？下面介绍两种方法详细地告诉你如何划分。

● 利用四个象限法做好任务管理

时间管理四象限法则，是美国管理学家科维先生提出的，并且被很多时间管理专家所推崇。它的主要内容是：将所有的事件按照重要和紧急两个维度，分为四个象限：重要且紧急、重要但不紧急、不重要但紧急、不重要且不紧急。

我们作为成年人，每天在工作中都会面对很多突发状况：你本来在赶一个很重要的方案，可是另一个领导又临时安排你去给客户送资料，并且还规定了时间；你慌忙接过资料，马不停蹄地奔向目的地，结果却被堵在了路上；最后方案没有赶出来，给客户的资料也没有送过去，被领导骂得狗血喷头……

对于小孩子来说也是一样，他们也有自己的苦恼和焦虑，每天也会有很多事情和紧急情况发生。如果孩子没办法分辨出轻重缓急，不能第一时间找出最重要的事情完成，那么即使每天忙碌，看似是一直在努力，但最后可能一事无成。

玲玲是班长，一直很得老师的信任和同学们的喜欢。可是，她现在陷入深深的苦恼中：班级上每天有太多的事

任务管理训练：提升做事效率，节省做事时间

情发生，她应接不暇，完全没办法处理完。

有时候玲玲正带着同学们做课间操，班主任让她放学前记得把班费收一下；正收到一半时，英语老师让她把今天的作业写在黑板上；还没写完呢，班里两个同学吵闹、打架，她劝了半天；好不容易劝住了，英语老师又催促："怎么还没有写完呀？"玲玲又慌里慌张地去讲台上写作业内容……她好像一直在忙碌，一直在做各种事情，却总是挨批评，好像哪一件事情都没有做好。

好不容易回到家里，玲玲发现忘记了抄作业记录，只好打电话向同学求助。她和同学在电话里聊了很长时间，还开心地约定明天放学后一起去逛街，但刚挂电话，玲玲就想起明天有补习班要上，而且今天的作业也来不及写了。

玲玲的经历，像不像我们在职场的样子？每天有处理不完的工作，仿佛榨干人生的每一分钟都做不完这些事情。而且能力越强的孩子，每天要做的事情会更多，面对的挑战也会更多。爸妈要做的，不是像"救火队员"一样帮孩子做事情，而是让孩子学会如何安排时间、从容处理。

利用四个象限任务管理方法，就能很好地帮助孩子划分事情的优先度，从而合理地安排时间。

我们可以跟孩子一起记个简单的口诀:

> 重要且紧急的事情,需要马上处理;
> 重要但不紧急的事情,可以随后处理;
> 不重要但紧急的事情,请别人帮忙处理;
> 不重要且不紧急的事情,可以延后处理甚至不处理。

这个口诀在日常生活和学习中可以广泛应用,记好这个口诀,我们就能知道日常生活中遇到事情的优先度,并且熟练处理。

(1)重要且紧急的事——马上处理。

爸爸送苗苗上学,快到学校门口了才发现没有戴红领巾,可是今天是周一,学校要进行升旗仪式,没有红领巾是要扣分的,超级有集体荣誉感的苗苗怎么能接受呢?

苗苗赶紧走到校门旁边的角落里,把书包里的所有东西一股脑倒在地上,一样一样地翻找:课本、文具盒、作业本、水杯……就是没有红领巾。

爸爸说:"要不你跟老师说红领巾丢了。等你放学了,咱们再去买一条?"

苗苗说:"不行,我刚成为少先队员,红领巾是非常重要的荣誉,怎么能丢呢?现在最重要和紧急的事情就是马上找到红领巾呀!"

爸爸看看表说:"确实很紧急,只有半个小时了,你说怎么办?"

苗苗思考了一下,边跑边说:"走,回家找,反正离家又不远!"

爸爸只好带苗苗火速回到家里,跟她一起翻箱倒柜地一通乱找,找遍了所有可能放红领巾的地方,还是没找到,急得苗苗团团转。

爸爸提醒苗苗:"不要急,好好想想,你最后一次见到红领巾是什么时候?在什么地方呢?"

苗苗带着哭腔说:"我就是放到了书包里呀,难道红领巾长翅膀飞走了吗?"

就在父女俩相对无言、一筹莫展时,妈妈回来了,得知是找红领巾,手指着阳台说:"在那里呀,昨天我帮你洗了,还没来得及收进来。"

果然,那在衣架上随风飘扬的就是苗苗的红领巾,仿佛还笑着对苗苗说:"你终于找到我了,下次可要照顾好我哟!"苗苗开心地取下红领巾,郑重其事地戴在胸前,催促爸爸快点儿出发,可不能耽误了升旗仪式。

在这次事件中,找到红领巾就是重要且紧急的事情,需要马上处理,如果往后拖延,就会错失良机或者造成严重后果。同时请记得:如果自己处理不了,一定要及时求助父母或者别人,得到最直接有效的支持。

(2)重要但不紧急的事——提前准备。

小风放学回家,很兴奋地跟爸妈说:"我们学校要在下个月举行放风筝比赛,而且要求自己动手制作风筝,咱们提前做好准备,第一名,我势在必得!"

爸爸听完也很开心,跟小风说起自己小时候放风筝的故事和草长莺飞、风筝满天的美景,还约定好先去买一个风筝,研究一下怎样做能飞得高、飞得好。

小风迫不及待地丢下书包,就要拉着妈妈去小区门口的商店里买风筝。爸爸说:"不用着急,下个月才开始比赛呢,这是重要但不紧急的事情,咱们还有充分的时间去挑选满意的风筝呀!"

小风觉得爸爸讲的有道理,就不再坚持非要现在买风筝了。

到了周末,爸妈带着小风到大的产品批发基地里,找到了一个非常漂亮的大老虎风筝。一家人直接到广场上放风筝,玩得非常开心,还相约每天花一个小时练习。

小风疑惑地问:"爸爸,离比赛还有一段时间,为什么这么早就要开始练习?"

爸爸摸摸小风的头说:"对于重要但不紧急的事情,咱们不需要马上就做,但也需要提前做好准备呀,你不是对第一名势在必得吗?"

是的,提前做好规划和准备,才能确保有备无患;每天安排固定的时间,持续地做一件事情,才能使量变达到质变;千万不能拖,拖得越久,事情就会变得越紧急。

(3)紧急但不重要的事——寻求支持。

陆陆今天吃到了她最喜欢的黄金虾球,但还是非常不开心。妈妈看到后就开玩笑说:"哟,是不是妈妈做饭水平下降了呀?连你最喜欢的虾球都没有胃口了,是发生什么事情了吗?"

"妈妈,我有个很要好的同学要转学了,我想给她送一个我亲手做的盲盒,可是那天我要去参加钢琴比赛。我两个都想去,错过哪个都觉得很遗憾,该怎么办呀?"陆陆苦恼地说。

妈妈听完笑了下,引导她说:"那你觉得是钢琴比赛更重要,还是去给同学送盲盒更重要呢?"

"当然是钢琴比赛呀,都准备了那么久,老师还对我寄予厚望!"陆陆回答。

妈妈依然温柔地说:"我知道了,就是你必须亲自参加钢琴比赛,但又不想错过送同学礼物,对吧?"得到肯定的答复后,妈妈建议说:"那可不可以钢琴比赛你来参加,送盲盒的事情让其他小伙伴代劳呀?"

陆陆听完眼前一亮:"对呀,这样两件事情就都不会错过了!"

给同学送盲盒,是紧急但不重要的事情,不必亲力亲为。要学会寻求他人的帮助,在有限的时间里做更多的事情,也许会时常有好事发生。

(4)不重要且不紧急的事——适当延后。

对于不重要且不紧急的事情,不用非得跟其他事情齐头并进、同时去做,否则最后忙得焦头烂额,还没有好的结果。

比如,你发现有很多的事情需要做:语文、数学、英语、科学等学科都有作业;看上了一双新鞋子很想买;老家表哥来玩、约好了去密林探险;还要准备下周的比赛用品。该怎么办呢?

先对事情进行分类和排序:

做作业是重要且紧急的事情,必须优先完成;下周比赛

任务管理训练：提升做事效率，节省做事时间

的用品是重要但不紧急的事情，可以放在周末做；跟表哥玩是不重要但紧急的事情，毕竟从老家来一趟不容易；买鞋子是不重要且不紧急的事情，等有时间了再去买，鞋子也会一直在那里，而且说不定过几天你就不喜欢这个款式了，可以换一双更好的。

按照这个办法，我们就可以将要做的事情罗列出来，按照轻重缓急排个序，比如周末必须要写的作业、打扫卫生、跟同学出去玩儿、看画展、充公交卡等，然后一项项去实施了。

但这只是一个初步的办法，列好了轻重缓急，孩子们还可以根据自己的时间以及现实情况，进一步进行安排。

> 陈熙周末有几件事情要做，分别是：收拾卫生、写作业、预习功课、去老家看望爷爷奶奶、和小伙伴们一起去看电影。妈妈让陈熙给自己的周末列一个时间安排表，陈熙按照事情的轻重缓急，是这样排序的：写作业、预习功课、去老家看望爷爷奶奶、收拾卫生、和小伙伴们一起去看电影。
>
> 陈熙妈妈说："这样不行啊，妈妈已经收拾好行李，明天一早就要去爷爷奶奶家，不能等你写完作业、预习完功课再去。"

听了妈妈的话,陈熙挠了挠头,把已经做完的计划表划掉,重新做了一份:去老家看望爷爷奶奶、写作业、预习功课、和小伙伴们一起去看电影,晚上再回家收拾卫生。

妈妈问陈熙:"你做作业需要多长的时间?"陈熙想了想,他需要完成数学、英语、语文三门功课的作业,大致需要三个小时,预习功课也要两个小时。

妈妈说:"咱们明天早晨七点出发,十一点左右能回来。你回来之后立即写功课以及预习,五个小时后就到下午四点了,你和朋友的电影几点开始?"

陈熙沮丧地说:"下午两点开始,如果我写完作业、预习完功课再去,电影就赶不上了。"

妈妈笑眯眯地问陈熙:"那你怎么办呢?"

陈熙犹豫了一下,说:"要不……就不去看电影了?"他刚说完,脸上就涌现出难过和不甘。"可是我和朋友都约好了,而且我们几个朋友约在一起很不容易。"

妈妈摸着陈熙的头说:"既然不甘心,那为什么不重新调整一下顺序呢?咱们在爷爷奶奶家的时间足够长,而且妈妈相信爷爷奶奶会很开心看到你认真学习的样子的。"

妈妈的话让陈熙茅塞顿开,他立马新做了计划:去老家看望爷爷奶奶的同时完成作业,回来后和朋友们一起看电影,看完电影再预习功课,最后打扫卫生。

任务管理训练：提升做事效率，节省做事时间

按照这个顺序，陈熙愉快地过完了周末，轻轻松松完成了所有的事情。

我们在教孩子进行任务管理的时候，不仅要教他们区分轻重缓急，也要教会他们如何因时制宜、因地制宜。掌握了这些方法，孩子就能更加合理地安排自己的时间和完成任务的顺序，对自己日常的时间安排就不会没有头绪，变得容易起来。

任务管理的另外一个难点，是孩子的兴趣和抵抗情绪。孩子不像大人一样有足够的自控力，玩游戏、画画、跳舞、打篮球等，是很多孩子喜欢做、想要做的事情；写作业、爬山、做家务等，是孩子们不愿意做、不感兴趣的事情。

丽丽刚上一年级的时候，因为不想去上学，每天早上起床都很困难，需要妈妈催好几遍才能起来。放学后，又一直坐在沙发上看自己喜欢的动画片，实在被催得不行了，才不情不愿地去写作业，结果作业写得乱七八糟。妈妈很生气地批评她："你看你，字写得这么难看，数字都会抄错。你就知道看电视，就不想学习，是不是？"

丽丽也很生气："对呀，我就是不想写作业，不想上学，我就是想看动画片，可是你非要让我上学、写作业。"

丽丽边喊边委屈得大哭。

妈妈听了既心疼又无奈，最终只能寻求我的帮助。我帮她分析："孩子爱玩是天性，在她的认知中，玩是最重要的，学习和写作业是次要的。家长需要慢慢地引导孩子，让孩子把想做的事情当成一种期待，把必须要做的事情当成自己的义务和责任，只有做好了必须要做的事情，才有更多机会去选择做自己喜欢的事情。"

丽丽妈妈听从了我的建议，不再强制关电视或吼叫，而是慢慢引导。当天晚上，丽丽妈妈没有做饭，而是躺在沙发上和丽丽一起看起了动画片。等丽丽看完两集动画片，感觉到肚子饿的时候，发现平时早就摆上餐桌的晚饭不见踪影，本来应该做饭的妈妈也沉浸于动画片不能自拔。

"妈妈、妈妈，我饿了，我要吃饭。"

丽丽妈妈头也不抬："饭还没有做。"

丽丽生气地说："那你去做啊！"

丽丽妈妈笑眯眯地说："可是妈妈不想做饭，妈妈想继续看动画片，妈妈觉得动画片比做饭更有趣。"

丽丽结结巴巴地说："可你是妈妈，你怎么能不去做饭呢？"

"妈妈的职责是做饭，那丽丽你作为学生的职责是什么呢？"

任务管理训练：提升做事效率，节省做事时间

丽丽低头思考了一会儿，说道："是学习和写作业。"

丽丽妈妈给丽丽讲道理："动画片确实很好看，妈妈也很喜欢，但如果妈妈不去做饭，而是一直看动画，这样可以吗？"

"不可以。"

"是的，如果妈妈不做饭的话，你就要饿肚子，所以动画片可以看，但要在做完饭之后看，对不对？"

丽丽点了点头。

"同样的，丽丽你作为学生，如果不好好学习，而是每天看动画片，那你的成绩就会越来越差，对不对？"

丽丽依旧点头表示认可。

"所以说，我们做事情不能只由着自己的喜好。这个世上有很多事情，我们可能不喜欢，但必须要去做，比方说做饭，比方说学习和写作业。因为它们非常重要，优先度远远超过别的事情，只有等完成了这些事情，我们才可以去做自己喜欢的事情。"

丽丽这次听进去了妈妈的劝告，每天放学之后先是老老实实地做完作业、预习完功课，才开始看自己喜欢的动画片，丽丽妈妈也不再跟丽丽生气动怒。

好逸恶劳是人的天性，尤其是小孩子，没有经历过社会

的磨炼，难以抑制自己的天性，讨厌学习、喜欢更轻松的玩耍和娱乐，这在所难免。我们作为家长，既不能因为孩子的天性而放任他们的行为，也不能通过强制的手段去压制孩子的天性。我们应该给孩子建立正确的学习观念，采取各种技巧和策略，引导孩子进行时间管理，让孩子明白学习可以带来的收获，并逐步亲身体验学习的快乐。在这个过程中，家长的良好引导和帮助是至关重要的。只有这样，孩子才能够逐渐意识到学习的重要性，并自发地去进行时间管理，把重要的事情放在娱乐之前。

那么，如何引导孩子建立正确的观念，让孩子能够心甘情愿地把学习放到玩耍娱乐之前呢？

首先，父母应该给孩子建立正确的学习观念。对于小孩子来说，学习是压缩他们娱乐时间的一个任务，看起来很不划算、很枯燥。因此，父母可以从一些简单的事情入手，让孩子对学习的认识有所改变。比如可以告诉孩子，一个人的学历越高，就越容易找到好工作，赚取更多的钱，创造更加美好的未来。

其次，在孩子的学习中，我们还可以采取各种技巧和策略，帮助他们更好地掌握知识，例如，引导他们做一些适当的课前预习和课后复习，或者是给他们一些练习题来巩固学到的知识点等，这样不仅可以提高孩子的兴趣和热情，还可

任务管理训练：提升做事效率，节省做事时间

以提升他们的学习效果。

另外，家长还应该注重鼓励孩子兴趣爱好的培养。比如有些孩子喜欢音乐、美术、体育等方面，这时让他们更好地进行练习和锻炼，可以让孩子们收获很多快乐，也有助于发掘他们的才华。而在这个过程中，他们也能借鉴自主学习的经验，更好地实现自我价值。

最后，引导孩子进行时间管理。许多孩子存在时间意识不强的问题，连简单的计划和时间安排都没有，因此他们喜欢偷懒、玩耍，容易将学习的重点忘在脑后。孩子的学习之道要从小抓起，形成良好的自我管理习惯，这是非常重要的。可以给孩子制订一个快乐学习计划，让孩子觉得这个计划完全是为了给自己的娱乐提供更多有用的信息。在这个过程中，家长可以帮助孩子每天朝着这个目标走一步，帮助孩子去思考和安排学习任务的重要程度，让孩子尝试分配时间、寻找方法，逐渐建立起自己的时间意识，并且激励孩子的学习兴趣。

> **家长思考题**
>
> 1. 你知道四象限时间管理法吗？
> 2. 你如何说服孩子接受必须要学习这件事情呢？

不用督促的学习：时间管理篇

● 利用目标拆解法做好任务管理

很多时候，我们陷入繁杂的事务中，是因为没有清晰的目标，不知道每个阶段最重要的事情是什么。或者是觉得自己的目标太过长远，实现的难度太大，感觉凭借自己是达不到的，进而放弃这个目标。

目标拆解法，就是把长期目标分解成一个个的小目标，在单位时间内集中精力完成最重要的目标，就不会出现忙而无功的现象。

有句话说："每一次的成功都是由成功的小任务组成的。"把大目标分解成小目标，然后依次完成，这是任务管理中非常重要的一步。

孙宏是一名五年级的学生，马上要期末考试了，他的语文和英语水平不错，但数学成绩很差。孙宏的爸爸妈妈带着他来找我，我建议他现在全力复习数学，语文和英语可以稍后再复习。因为数学是他的弱项，也是他现在复习的重点。

孙宏的父母愁眉苦脸地说他对数学兴趣不高，基础

任务管理训练：提升做事效率，节省做事时间

也很差，拿起数学书就头疼。我了解了一下孙宏的数学基础，开始引导他做这段时间的规划。

"你觉得，自己好好学习数学，能考一个什么样的成绩呢？"

孙宏犹犹豫豫，在我鼓励的目光下，才试探地说："及格？"

数学考试及格，对孙宏来说已经是一个很远的目标了。据我对孙宏的了解，他数学基础太差，考试成绩几乎全靠猜中的那几道选择题，平时多在20~30分徘徊。但我依旧鼓励他说："好，我们就定这个目标。那接下来，你觉得该怎么安排复习呢？"

"我应该看书和学习，但我真的看不进去啊！数学太难了！"

"确实太难了。所以咱们先不冲着及格去。"我拿出孙宏的数学书，翻到了第一单元，"咱们先来学习第一单元，内容并不多，争取在考试前将它吃透，你考试的时候就只做这一个单元相关的题目，其余单元的题目做不做随你，怎么样？"

孙宏偷偷看了一眼父母，犹豫道："这样……可以吗？"

在我的示意下，孙宏的爸爸妈妈在旁边拼命点头。

孙宏见父母同意，也欣然答应。对他来说，只学习一

111

个单元，考试还没有分数要求，是比较轻松的。

按照我的建议，孙宏在期末考试前学完了第一单元的内容，虽然成绩只有小幅度提升，但最主要的是，因为学起来轻松，孙宏不再排斥数学，而是品尝到了学习的乐趣。接下来，不用我安排，他和父母就自己制订了学习计划，缓慢却坚定地前进着。

孙宏数学考试成绩及格的那天，他和父母特意过来通知了我一声，并表达了感谢。

孙宏说："以前觉得数学能及格，简直就是不可能的事情，但现在我真的做到了！而且我不会止步于此，我要更加好好学习，考一个更好的成绩。"

每次找到最重要的目标，并拆解成一个个的步骤，有条不紊地落实下去，不要执着于眼前的一点儿得失，这就是用拆解的办法去做任务管理。具体来说，我们需要将大目标分解成尽可能小的、预计完成时间短的目标，然后为每个目标设定一个截止时间。在完成每个小目标的过程中，我们可以监控自己的进度，及时调整，并根据反馈不断完善。

通过拆解法，我们可以更直观、更具体地看到自己的任务进度，及时发现问题并做出调整。同时，每个小目标的完成也会给我们一种成就感，提升我们对任务完成的信心和动力。此外,按照小目标的完成时间安排进度,我们会更容易规划时间和精力,更好地分配资源,从而提高效率。

那么在实际操作中,如何将拆解的方法运用到任务管理当中,帮助孩子更好地学习和做事呢?

首先,我们需要了解并明确自己的目标。无论是学习上还是生活中,不管是大人还是孩子,都应该有明确的目标,包括长期的和短期的,可以是考试成绩、身体健康、课外兴趣等各方面的。然后,我们需要把这些目标进行分类,将它们分为主要的和次要的,并明确具体可执行的任务。

其次,我们需要制订一个拆解计划。这个计划应该是详细的,从要做什么开始考虑,直至完成目标为止。我们需要逐步地针对每个目标设置一个个小的目标,为每个目标设定一个截止日期,好合理地安排时间和资源,让任务完全落地。

接下来,我们需要建立日志,记录自己的任务进度。通过日志记录,我们可以看到自己每天在做什么,完成了哪些目标,未完成的是在哪里出了问题,这样就能有针对性地找出方法来改进,从而提高效率。

最后,我们需要具备自我调整的能力。如果我们发现任务拆解不够合理,或者进展不如预期,我们就要及时调整计划,根据实际情况重新安排时间和资源。也可以寻求外部帮助,比如请同事、朋友或者专业的机构进行咨询,以便更好地完成自己的任务目标。

总之,我们可以通过拆解目标,让看似困难的事情变得简单、更具有可行性。对孩子而言,看似遥不可及的理想变得离自己越来越近,畏难情绪也会大大消减。

在利用拆解法进行任务管理时,我们还可以取巧一下,走一走"捷径"。

我们可以将要做的事情分为"需要大量思考"和"不需要大量思考"两种,并着重强化那些日常化的任务流程,培养自己的肌肉记忆,这样也能提升效率,节省大量时间。

默默是班长,他每天早上都感觉时间不够用。起床之后迷迷糊糊地洗脸、刷牙、吃早饭,明明自己已经很快了,可是依然在妈妈"快点快点"的催促声中差点迟到。老师让大家7:30到校晨读,又安排默默当领读人,默默需要在上学前把每天晨读的内容预习一遍,本来就很紧张的清晨时间变得更加紧迫。怎样才能更好地安排时间呢?默默发现,有些事情是每天都要做的,而且不用思考就可以很好地完成,比如洗脸、刷牙、吃早饭、整理书包、穿衣服等。于是,他在晚上睡觉前就整理好书包,把第二天晨读的书籍放在书桌上,把需要穿的衣服放在枕头边。这样,他早上6:10醒来就直接换好衣服,先预习一遍晨读的内容，然后一边在心里想着内容，一边去卫生间洗漱，接着吃完饭上学，这样就能精精神神地准时开始领读了。

当某件事情重复千万遍，肢体就可能形成肌肉记忆，有时候我们脑子还没反应过来呢，事情就已经干完了。而且每天有一些事情几乎是流程化的，那么我们就可以强化这套流程，为那些"需要大量思考"的事情腾出时间，甚至可以一边思考，一边去做这些流程化的事情。或许平时我们难以感受到，但如果是在高中或者考试前争分夺秒的环境中，这种方式就能节省下大量的学习时间。

家长思考题

1. 孩子的目标可以拆解成多少个小阶段？
2. 有哪些事情我们可以刻意训练成肌肉记忆？

2 做好任务管理，让学习变得轻松

● 学会观察分析，于细微处发掘不同

因为职业关系，我始终认为，观察和分析是一项非常重要的能力。我接触过很多孩子，每次了解他们以及他们父母面临的问题时，首先要做的就是观察，了解事情的经过，观察孩子的动作和情绪，以及孩子父母的态度和观点，然后将了解到的这些信息汇总到一起，分析其中的问题，最终找出解决的办法。

如果将接待孩子以及孩子父母比作医生接诊的话，那么，"解决办法"就是"开药"；"分析问题"就是诊断；"观察"则是最开始的"望闻问切"。它看起来似乎又烦琐又无用，但它是解决问题的基石。没有基石，便盖不起高楼大厦，没有最开始的望闻问切，医生也开不出治疗疾病的药物。

我之前讲过时间管理首先要感受时间、感知时间，对时间有了清晰的概念后，进而开始学习管理时间。而观察和分析，恰恰能够让人们更深刻地认识到时间的流逝，以及时间对世界的改变。

任务管理训练：提升做事效率，节省做事时间

我曾经和孩子做过这样一个游戏。我们在院子里种下了一颗南瓜种子，然后一起照顾它，让孩子每天观察南瓜种子的变化，并记录下来。

第1天：南瓜种子被种下，埋在厚厚的土壤里，根本看不出什么。

第7天：南瓜种子破开土壤，露出了稚嫩的芽。

第10天：南瓜芽上长出了第一片叶子。

第19天：南瓜藤长到了六十厘米，有七八片叶子，阳光照在上面，将叶子映衬得仿佛绿宝石。

第23天：南瓜藤爬得满地都是，不停地吸收水分和营养，壮大自己。

第30天：南瓜藤长出了第一个花苞，是黄色的，紧紧地闭着，看起来可爱极了。

第32天：第一个花苞开花了，花香引来了蜜蜂，在里面忙碌地采集花蜜。

第36天：花苞脱落，下面长出了翠绿的小南瓜。

第42天：这个南瓜越长越大，已经由最开始的拇指大小长得像一个皮球了。南瓜藤上开的花也越来越多。

第50天：南瓜藤上结了四五个南瓜，它上面的花越来越稀疏，叶子也仿佛失去了色泽，开始干枯发黄。

第58天：南瓜藤上的五个南瓜已经长大，最开始长出的那个南瓜已经有灯笼大小，南瓜藤的叶子却越来越黄。

第66天：我和女儿摘下了所有的南瓜。

女儿看着摘下来的五个南瓜，兴致勃勃地给我们讲解她的发现：

"刚开始只是那么小的一粒种子，两个月后，居然能长出这么多南瓜。

"妈妈你看这个南瓜，中间好像凹进去一块，它的样子和别的南瓜都不一样，是因为它旁边有一块大石头，它长着长着碰到了石头，就没办法继续长了，只能凹进去一块。

"这是最开始结的那个南瓜，我本来以为它会是最大的那个，没想到被后面长出来的南瓜给超越了。不过它的样子是最好看的，圆滚滚的，像个灯笼一样。

"南瓜花非常漂亮，它们凋谢的时候，我还挺舍不得的。但变成南瓜也不错。

"这个南瓜长得太晚了，还是在阴凉的地方，晒不到太阳，个头长得有点儿小。"

任务管理训练：提升做事效率，节省做事时间

南瓜从一粒种子成长到瓜的经历，被孩子娓娓道来，她详细地记得其中的每一个变化：今天的南瓜藤比昨天长了五厘米、叶子多了一片，南瓜花开了多少朵，有多少朵花成功变成了南瓜，又有多少朵花最终失败，变成了土地的肥料……她观察到了南瓜生命的蜕变，甚至分析了南瓜变成这个样子的原因，这将是她人生中难忘的一笔，也是她感受到时间变化、万物生长凋谢的宝贵经历。

同样是这份经历，让孩子对时间的感知变得更加敏感和清晰。以前孩子对两个月的概念大概是"六十天"或者"暑假"，现在她对两个月的概念则变成了"能够让一粒种子成长为南瓜的时间"。她感受到了时间的流逝和宝贵，变得更加珍惜时间了。

当然，如果培养了孩子的观察分析能力，那么在学习上，孩子也能更加得心应手。

李胜的成绩一直名列前茅，他最广为人知的是对课程重点的把握。这个技能被传得神乎其神，李胜的笔记一直被同学们借去观看学习，甚至有校外的同学和家长慕名而来，想要看看传说中"每次都能押中重点"的笔记。

同学们非常好奇为什么李胜能做到这一点，但都以为这是李胜的秘密武器，不太好意思询问。直到某天李胜的

同桌实在忍不住,嘴快问了出来:"李胜,你怎么每次压重点都能压得这么准啊?"

李胜愣了一下,问道:"你们不知道吗?"

同学们齐齐摇头,心想我们要是知道了,为什么还要跟你借笔记啊?

李胜说道:"其实很简单,每个老师都有各自的习惯。语文老师在讲重点的时候喜欢提问,数学老师在讲重点的时候声音会突然加重,英语老师在讲到重点的时候通常会重复两次,表示这个知识点很重要。"

同学们齐齐看着李胜:"就这些?"

李胜摊了摊手:"我本来以为你们都知道,所以没提过这些事情。听课的时候只要注意到他们这些习惯和小动作,就能知道这些知识点非常重要,一定要学会并且贯通。"

李胜接着说道:"有些老师咱们不了解,尤其是出试卷的老师,可能连见都没见过。但其实每个人都有自己的喜好以及偏向,这些通常都隐藏在题目之中,这时候就要仔细分析出题老师的思路,弄明白他隐藏的意思,这样做题就简单多了。"

多观察、多分析、多思考,不仅仅是孩子,对每个人来说都是至关重要的事情。因为很多信息都隐藏在细枝末节之间，如果能够通过发现事物细微的不同，进而发掘出更具有价值的信息，那将对我们、对孩子的生活和学习，提供莫大的助力。

家长思考题

如何提高观察和分析能力？仅仅依靠"找不同"可以做到么？

● 给孩子的课程做减法，学习在精不在多

德国现代主义建筑大师米斯·凡德洛有一句名言："少即是多。"米斯·凡德洛也由此发展出现代极简主义建筑的设计理念。他认为设计需要考虑功能，在获得这种功能的同时，产品会自然获得一种形态，这就是所谓的"形式自然获得法"。

我们之前说过，给孩子报很多补习班、课后班，将孩子所有的时间塞得满满当当，对孩子来说未必是好事。精简一下，让孩子能专心学习自己感兴趣的课程，反而能帮助孩子

成长。

很多家长也意识到了这一点，但不知道该如何对孩子的学习任务去芜存菁，如何帮助孩子进行合理的任务管理。

坐在咨询室里的小昭一脸紧张地回顾着自己的日常：他刚刚结束城东的编程课，就立马被妈妈送到城中去上钢琴课，他一边赶路一边啃鸡蛋灌饼，因为这两门课程几乎是无缝衔接的，除了赶路的时候，他根本没有吃饭的时间。而这样的情况从他上一年级就开始了，不同只是数学课、英语课、编程课、游泳课、钢琴课、绘画课之间的区别罢了。

他妈妈告诉他每门课程都是有用的，因为在他报考初中的时候，可能会因为掌握了一项技能（确切地说是证书）而加分，从而进入更好的学校。

但现在，频繁的课外课程、紧张到毫无间隙的时间安排，让小昭的精神越来越差，做事情无法集中注意力。课堂上不知道什么时候就走神了，越是提醒自己要好好听课，情况反而会越糟糕；兴趣班上，明明看到老师的嘴在开开合合，看到同学们嬉笑打闹，可就像看无声电影一样，自己只是一个误闯进来的"看客"，跟这些都没有关系；写作业的时候，爸妈总是看到他在发呆，压着火、藏

任务管理训练：提升做事效率，节省做事时间

着担心让他去睡觉，他却总是睁着眼睛到天亮，甚至出现幻听、幻视的现象……他的成绩也越来越差，不仅仅是下滑严重，甚至有时候考试会交白卷。

小昭父母希望我能帮助小昭，我告诉他们，正是因为课程安排得过于紧凑，孩子精神过于紧张，才造成了这种情况。如果想要治疗，必须重新进行更符合人体承受能力的任务安排，减少孩子的课程，必要时退掉所有的课外学习班。

小昭的父母听到要退掉孩子的课外班，顿时不淡定了，他们愁眉苦脸地说："不是我们不心疼孩子，我们当然也希望小昭能够休息一下，但如果不学这些课程，孩子将来考不上好的初中怎么办？"

我问小昭父母："按照小昭之前的成绩，如果不算上加分，能不能考上一所好点儿的中学？"

小昭父亲说："按他之前的成绩，如果没有额外加分，那种特别好的学校可能性不大，但中等偏上的中学应该是能考上的，所以我们才给他报了很多特长班，希望他能冲一冲，往顶尖的学校努力一下。"

我接着又问他们："你们觉得以孩子现在的成绩，即使把所有的特长加分都算上，又能考上什么样的中学呢？"

小昭的父母顿时不说话了。他们想了想，终于想明白了，决定听从我的建议。

作为家长，我们要时刻谨记自己的目的。比如小昭的父母，他们的目的就是让小昭获得更好的成绩、考上一所好的中学。那么，无论是给孩子报补习班也好，还是让孩子学更多的课外技能也好，都是达成这个目的的手段。我们不能混淆目的和手段，在追求目标的过程中将孩子折腾得精疲力竭，以至于本末倒置，最终不仅没有达成目标，反而离目的地越来越远。

针对小昭的事情，通过和小昭商量以及和他父母协商，我们达成了以下共识：

（1）以目标为导向，重新梳理小昭的课外培训课程。

上课不是目的，增长知识、提升能力才是。哪怕是为了应对考试，也需要有所筛选。当父母和小昭一起探讨，商议出感兴趣和确实需要学的两个科目时，他的脸上露出了久违的微笑，让父母也长长地出了一口气。

（2）透过现象看本质，掌握学习的底层逻辑。

之前小昭都是在"赶"作业，完全听从妈妈的安排，从来没有认真思考过为什么学习、怎样学习、自己适合什么样的方法等，对于所学的科目和技能都没有深入的了解。这种被动接受的方式自然不会有好的结果,甚至会出现越补越糟糕的现象。

其实,学习的底层逻辑都是一样的,可以简单总结为三步:精准输入、深度消化、多元输出。把要学习的知识精准地输入大脑中,完全地理解、掌握、消化吸收,并且真正学以致用,这样才算完成了整个学习过程。

(3)消除学习的负向记忆,建立新的神经链接。

在浅催眠状态下,小昭像看电影一样回想起多次因为学习而出现的当众被惩罚的难堪场景,以及被人否定和自我否定的情绪。接着,他跟随引导逐渐融入其中,去表达、去和解、去化解未完成情结,并植入新的信念和力量。场景的改变也促使大脑建立了新的神经链接,一提到学习,不再是痛苦、难过、抗拒等,而是愿意接纳和尝试的勇气与开心。

(4)制订公约,促进亲子关系。

爸妈和小昭敞开心扉,说出自己的期待和对对方的建议,也探讨了家庭及个人的底线,同时确定了每周家庭会议的时间、方式等,并且认真地在这第一次家庭会议的记录上签上自己的名字。

值得庆幸的是,小昭父母及时发现了孩子的异常,也及时寻求了帮助,并且接受了建议。通过调整小昭日常的学习安排,并且及时对他进行心理辅导,小昭的幻听、幻视等症状彻底消失了,注意力也有了很大的提高,在学习的时候再也不像个机器人一样被动了,而是学会了融入自己的想法,成绩也有了很大的提升。

  孩子的成长不是一蹴而就的,而是一个循序渐进、有规律的过程。每个孩子都有其自身的精神特质,教育方法必须与孩子的性格相适应,以最有效地促进他们的成长。要想育成一个拥有思考能力和自主决断力的优秀孩子,我们就需要制订适应孩子年龄段的合理的教育计划,并学会"留白",让孩子的精神和身体得到足够的休息。

家长思考题

  你会给孩子报很多辅导班或者兴趣班吗?如果孩子要求取消这些课外班,你是否会同意?

3 做好任务管理，运用工程思维出成果

工程思维是一种解决问题的方式，它强调对问题进行系统化的分析、设计和实施。与传统的学科知识相比，工程思维更关注如何解决实际的问题和挑战，并且需要跨越学科边界，合理利用不同领域的技术和知识来解决问题。

工程思维是一个系统，注重从事物的全局出发，看长远的影响；也会重视系统中每个模块的发展，促进模块之间的融合，实现一加一大于二的效果。换句话来说，工程思维最大的特征就是把复杂的问题分解为一个个小问题，从一个独特的视角去思考这些问题，并找到解决问题的方法，然后把这些解决方法综合起来，形成一个系统的解决方案。

并不仅仅是复杂高深的工作才用得上工程思维。在日常工作中、在孩子的任务管理上，工程思维都是一个很好的管理任务、安排时间的帮手。

跳跳最近报了一个科学兴趣班，每一次老师讲课的时候，都不仅仅是讲知识，还会带着大家去实践，解决一个

个的科学问题，并获得一次次的神奇体验。

老师会先让大家充分探讨，明确此次实验的目标是什么，要解决的问题是什么。然后根据孩子的兴趣和专长，分成不同的小组，去探索和解决每一个小问题。等这些问题有了初步的答案后，老师会让大家把答案合起来，去辩论和测试，最终提出优化方案，还鼓励大家积极分享。这是跳跳最喜欢的方式，也就是工程思维。

这天，老师讲完了不同物体的密度，边拿出几个玻璃杯和鸡蛋，边给大家抛了一个难题：在一杯水里加上什么物质，可以让鸡蛋漂浮起来？

大家睁着亮闪闪的大眼睛，开始了天马行空的猜测："用面粉把鸡蛋包住！""不对，那鸡蛋不是更沉了吗？""应该放入小苏打，可能会有小气泡产生，就可以托起鸡蛋了！""还可以用盐呀，把盐融化在水里，水的密度越大，浮力就会越大呀！""那是不是可以试试白糖？红糖？冰糖？哈哈哈……"

教室里热热闹闹的，每个孩子都在说着自己的方法。老师没有直接告诉他们答案，而是根据他们说的物品，把同学们分成了不同的小组，让他们亲自去试一试，看一下结果是什么。

说用面粉的小组小心翼翼地将面粉打湿，裹在了鸡蛋

任务管理训练：提升做事效率，节省做事时间

上，又让组里手脚最灵活的小姑娘来放鸡蛋。小姑娘屏住呼吸，其他小伙伴则在小声祈祷。小姑娘轻轻地放开手，鸡蛋立即沉了下去，连反应时间都没给他们。小伙伴都惊呆了，但短暂的发呆后，他们又一起研究裹了面粉的鸡蛋不能漂浮的原因，甚至还实验了生鸡蛋和熟鸡蛋是否会有不同。

说往水里放糖的小组也失败了，鸡蛋并没有浮起来，但这个小组也不亏，他们本着不能浪费的原则，把糖水美滋滋地喝到了自己肚子里。

说往水里放小苏打的小组成功了，但小组的成员发现成功的条件很苛刻，只有加入特定比例的小苏打才能让鸡蛋浮起来，只要不是这个比例，鸡蛋就会沉下去。

最成功的是往水里放盐的小组，他们尝试了很多比例，发现只要不是放得很少，鸡蛋都会浮起来。

老师等着所有的孩子们实验结束后，邀请每一个组的全体成员到讲台上，跟大家分享自己的实验结果和科学发现。说的小朋友眉飞色舞，听的小朋友掌声不断，不管是成功还是失败，都只是一个实验结果而已，不会因此而沮丧，甚至对自己的能力产生怀疑，也不会因此而沾沾自喜、觉得自己就是比别的小朋友优秀。

这也是工程思维的特点：以结果为导向。先提出猜

想，再验证猜想，最终得出结果。

这个实验的目标是验证什么样的方式可以让鸡蛋浮在水面上。

小朋友们首先提出了自己的猜想，然后各自分组验证自己的猜想，最后再把各自的结果汇总到一起，得出解决主要目标问题的方法。

就这样，孩子在实验中学会了工程思维，不仅能清晰地分辨问题、解构问题、对症解决小问题，还能用系统的观念把最终的结果综合起来，解决大问题。更难能可贵的是，在老师的引导下，孩子们没有失败的概念，只是验证了不同的结果而已。每个孩子既学到了知识，又能开开心心地在一起学习讨论。

用工程思维处理事情不是靠体力上的一味付出和时间上的各种叠加，更多的是通过思考，找出问题及解决方案，并把解决方案模块化、标准化，也就是通过"动脑筋—找规律—模块化"，让解决方案变得具有可重复性。

我们培养孩子亦是如此。我们的最终目标是让孩子成长为能够照顾好自己，幸福、快乐、成功、满足的人。要达到这个目标，就要注重孩子学习能力、沟通能力、人际关系能力等模块的培养和发展。

任务管理训练：提升做事效率，节省做事时间

韩素是一个小学生的家长，他非常注重孩子的学习和成长。从孩子开始上学，他就列了一张孩子需要学习的技能的表格，并且通过观察孩子日常的学习，对表格进行增减，最终分成了"学习""课外特长""沟通""休闲""运动"等几个模块，并且对每个模块的内容进行了更加详细的划分。

学习方面，孩子还在上小学，学习任务并不是很重，所以重点就是上课听讲、课后作业和薄弱学科的查缺补漏；

课外特长方面，一般包括音乐、美术、舞蹈、编程等，但孩子精力有限，不可能面面俱到，可以让孩子自己挑选感兴趣的课程；

沟通方面，他鼓励孩子和同学们多交流，多分享自己的想法和感受，培养孩子的口头表达能力，他每天也尽量多和孩子交流，不管是学习还是日常生活，都可以成为话题；

休闲方面，韩素没有考虑太多，孩子自然会找到自己最喜欢的休闲方式，家长只要掌握好时间和程度就行；

运动方面，既可以帮孩子报跑步、篮球、足球等运动相关的兴趣班，也可以自己带着孩子去外面跑步、散步、做游戏和其他运动。

最后,韩素将以上分散的模块综合到一起,组成了一张涵盖学习、运动、沟通等所有因素的时间安排表,让孩子得以健康全面地成长。

通过这样全面的培养,韩素的孩子不仅在学业上取得了显著的进步,在沟通能力、人际关系能力等方面也得到了很好的发展。他的经验也得到了周围家长的认可,许多家长都向他请教如何合理安排孩子的时间。

需要注意的是,工程思维的本质不是完美主义,而是"先完成、再完美"。先完成后,再不断地思考、完善、迭代、提升,最终趋向于完美。

比如我们写文章,虽然很多都是平常讲课的内容,以及咨询中的成功案例和方法,但也不是一蹴而就的,需要反反复复地写,不断优化结构、内容、主题、案例等。正如好的文章很少一气呵成,大多是经过作者的反复修改,才最终形成精品。工程思维也不是一下子就能具备的,需要不断地练习和培养,通过分析、评估、执行,不断地建立一个又一个的闭环。

当我们有了工程思维,就不再只是看到别人的成长和成就,而是能够明确自己的目标和要解决的问题;将其划分成不同的模块,并制订每个小模块的目标,坚定不移地用各种方式达成目标；在达成每一个小目标时，也可以给自己一个贴心的奖励。最终，我们会找到并形成自己的节奏，得到属于自己的成果和成功。

家长思考题

1. 日常生活中有哪些事情可以运用工程思维？
2. 除了学习，孩子还需要提高哪方面的能力？

第4章

学习习惯训练：让学习成为一种生活方式

> 合理安排时间，就等于节约时间。
>
> ——培根

1 合理用脑，让孩子学会采用最轻松的生活方式

● **做好精力管理，根据精力周期规律安排合适的任务，提升学习效果**

不知道大家有没有发现，在每天的某个时间段，我们总能高效快速地完成任务；而在其他时间，不管我们如何努力，效率总不尽如人意。这就是为什么有的人习惯早起，有的人却喜欢晚睡。有的人只有到了夜深人静，所有人都进入梦乡，万籁俱寂，头脑才会更加清醒，学习和工作效率就会加倍；而有的人喜欢凌晨四五点起床，或阅读、或写作，似乎泛着微光的清晨更能给他灵感与力量。

我们经常关注时间管理，每位家长都希望孩子能够做好时间管理、做时间的主人。很多人以为时间管理就是把一段时间根据轻重缓急妥善安排，然后按部就班地逐个完成任务，最好是能够用最少的时间完成最多的任务。

但事情往往不如我们所愿，不管我们做的计划表多么科学、多么贴近现实，孩子在执行过程中总会出现这样那样的

问题,常常是在规定的时间内没有完成计划,甚至和目标相差甚远。

因为人的精力也是有周期性的变化和起伏的,时间管理也包括精力管理。如果我们能够找到自己精力的周期规律,就像运动员制订周期训练计划一样,按照精力周期规律来安排我们的学习、工作和休息时间,效果一定差不了。

(1)小周期。

小艺刚上小学一年级的时候,对学习和作业都非常有激情,每天放学回来,打开书包就兴致勃勃地开始做作业,做完作业还要再把第二天的课程预习一下才肯睡觉。但随着小艺年级越来越高,作业的数量增多,难度也不断提高,小艺做作业需要的时间越来越长,做作业的速度也慢慢降了下来,尤其是三年级之后,小艺每天的安排只有学习和作业,几乎没有多余的时间做他自己喜欢的事情。以前几乎不需要大人提醒写作业的小艺,现在也开始磨蹭拖拉,不愿意坐在书桌前,写作业的时候也总是做做停停,每次做不到十分钟,就开始发呆或者东摸摸西摸摸,非得要大人提醒,才不得不勉强继续。

小艺妈妈知道,总是这样催促提醒并不利于孩子内驱力的形成,但不提醒又担心孩子无法按时写完作业,进

学习习惯训练：让学习成为一种生活方式

而挤压睡眠时间。如果晚上睡眠时间不够，第二天孩子学习也会不专心，长此以往，只会陷入恶性循环。而且小艺妈妈也担心家长一直在旁边催促，孩子可能会出现厌学情绪，于是前来咨询。

小艺妈妈忽略的一点就是，每个人的精力其实都有周期性规律，孩子的学习亦是这样。我们不能把孩子的学习日程表排得满满的，仿佛日程表越紧密，孩子就能利用好每一分钟。事实上，每个人的精力都是有限的，超过限度之后就需要恢复一下，我们需要根据孩子的精力周期规律来安排孩子的学习。

科学研究表明，不同年龄段的孩子，因为大脑神经系统发育程度的不同，对一件事情的专注时间也不同。一般来说，如果没有经过专门的训练，2~3岁的孩子专注时间大概为5~10分钟；5~6岁的孩子专注时间大概为10~15分钟；7~10岁小学中低年级阶段的孩子，专注时间大概为15~20分钟，也就是半节课左右；10~12岁，孩子进入小学高年级，专注时间大概为25~30分钟；12岁之后，孩子的专注时间能提高到30分钟以上；青少年的专注时间一般为50分钟左右。

我们可以人为地把每天的学习划分为许多个小周期。比如学习30分钟后休息10分钟，"30+10"就是一个小周期。

每个周期中学习和休息时长的比例,可以根据孩子的实际情况来安排,可以是学习 40 分钟后休息 20 分钟,也可以是学习 50 分钟后休息 10 分钟……采用哪种比例都没问题,只要这个比例让孩子感觉舒适,在学习的时候能全神贯注,在休息的时候能充分恢复精力,这个比例就是合适的。

小艺妈妈听了我的建议后,回去调整了小艺学习和休息的时间。先是保守地采取了"12+5"的时间安排,后来发现小艺的专注时间要更长一点儿,经过不断调整,最终形成了"20+8"的模式。小艺在学习和写作业期间能够得到充分的休息,整体所用的时间不仅没有变长,反而缩短了。

当然,根据孩子的精力周期来做时间安排,一定要符合孩子的年龄和特点,循序渐进,不断调整,让孩子按照自己的节奏安排学习,自然轻松不少。

(2)中周期。

如果分钟、小时可以当作一个小周期的计量单位,那么"天"就可以视为一个中周期。一般来说,人在一天中的创造性时间为 10 点到 12 点,这时头脑最活跃;生长时间为 16 点到 18 点,肺呼吸最活跃;疲劳时间在夜间 4 点到 5 点,血压最弱。

但每个人的生物钟都不一样,有的人早晨精力最旺盛,有的人却在晚上,甚至是凌晨精力最好。我们可以通过科学

学习习惯训练：让学习成为一种生活方式

测量的手段，找到自己的"高能量时间"，把最重要的事情放在这个"黄金时间"来完成，就可以达到事半功倍的效果了。

家长可以把孩子每天的时间以小时为单位，进行至少21天的详细记录，观察每个时间段的精力情况，然后进行分析和总结，找出适合孩子的作息安排，并找到每天精力最旺盛的"黄金时间"，进行有针对性的安排。

豆豆的 21 天精力记录表

天数	精力记录
第 1 天	
第 2 天	
第 3 天	
第 4 天	
第 5 天	
第 6 天	
第 7 天	
第 8 天	
第 9 天	
第 10 天	

不用督促的学习:时间管理篇

续表

天数	精力记录
第 11 天	
第 12 天	
第 13 天	
第 14 天	
第 15 天	
第 16 天	
第 17 天	
第 18 天	
第 19 天	
第 20 天	
第 21 天	

豆豆每到寒暑假都会疯玩,写作业也不情不愿。为了让孩子在假期也能好好学习,豆豆妈妈今年暑假为五年级的豆豆进行了连续21天的详细的精力记录。豆豆妈妈通过记录表发现,在放假期间,豆豆每天精力状态最好的三个时间段分别是:上午8:00—11:00;下午2:00—4:00;晚上7:00—8:30。

豆豆妈妈按照记录表显示的规律,把豆豆的暑假作业安排在精力状态最好的上午8:00—11:00完成;下午2:00—4:00安排篮球、游泳等运动;晚上7:00进行英语口语课程的学习。如此一来,豆豆不仅没有像往年那样,天天和妈妈因为作业的问题闹得家里鸡飞狗跳,还很开心地完成了妈妈的安排,高效学习,愉快玩耍,整个暑假都过得充实又快乐。开学前不用熬夜补假期作业,英语口语也有了非常大的进步。

孩子一般每天都会有几个"黄金时间",找到这些"黄金时间"后,就要好好利用,以提高学习效率。越难的科目,越要安排在精力最好的时刻,这样孩子才可以带着最饱满的精力和最稳定的情绪来攻克最大的困难。克服了最大的难题,其他任务完成起来会更加轻松,学习也更有效。

而其余的"非黄金时间",我们可以给孩子安排一些比较容易或者孩子感兴趣的事情,以恢复孩子的精力。

(3)大周期。

在长期的学习中,以一周时间作为一个大周期来安排,相对比较合适。

加拿大心理学家、麦吉尔大学教授德比·莫斯考维茨做过一个有趣的研究,发现人们工作日的心情和办事效率存在一定的规律性：

例如一周的前半部，人的精力旺盛、态度激进，后半部精力下降但更通融。高效率工作者会根据自己在一周中的精力状态来安排工作。

孩子的学习也是一样的，我们可以根据这个规律来引导孩子安排一周的学习任务：先是周一，虽然经过了周末的休息，但是孩子可能暂时还没办法很好地从休息状态中调整过来，所以周一更适合安排一些难度相对较低的基础学习任务；经过周一的适应以后，孩子的状态会有明显的好转，并一直持续到周三，所以要最重要的、难度最大的学习任务安排在周二和周三；经过几天的高强度、高效率学习后，周四可能会出现暂时的疲劳，学习意愿会有所下降，这时候可以考虑安排一些简单的复习任务，对前半周的学习进行一次小型复盘来巩固，效果会更好；经过周四的调整以后，周五的精力又会出现一波小高潮，再加上周末即将到来，孩子的情绪相对会比较好，心态也会更加放松，建议安排一些具有挑战性的学习任务，比如做一个小测试等；最后周六日可以兼顾运动和玩耍，合理安排孩子进行一周的大复盘和对下周的提前预习，并提前安排下周的学习任务，用满满的能量来迎接下一周的学习。

这样一周下来，兼顾孩子的精力和情绪进行学习任务的

学习习惯训练：让学习成为一种生活方式

分配和安排，相信孩子执行起来一定会轻松不少。

> **家长思考题**
> 1. 你观察过孩子的精力周期吗？
> 2. 如何利用精力周期的规律，给孩子安排学习任务？

● 交替学习不同性质的课程，变换用脑学习更轻松

在每个学期末或毕业班期间，孩子通常需要在同一天或者几天内，参加好几个科目的考试，这也就要求孩子在一段时间内，同时进行好几门课程的学习和复习。但每个孩子擅长的方向不同，有的孩子喜欢语文，有的孩子喜欢数学，有的孩子喜欢英语……

由于人和人之间存在各种各样的差异，每个孩子的学习能力都不同，对于每个科目的喜爱程度也会不一样。我们经常发现，很多孩子在学习自己拿手的科目时，像打了鸡血一般，沉迷其中不能自拔，连续学习一个小时甚至好几个小时，都丝毫不知疲倦；在碰到自己相对较弱的科目时，却像泄了

气的皮球，无法集中精神，学不到一会儿就无精打采了。于是有的孩子慢慢就会变得偏科，甚至有可能厌学。

小萌偏科严重，只喜欢做数学作业和英语作业，做再多都不觉得累。特别是数学作业，她觉得很有意思，又很有挑战性，英语作业完成得也很快。但她特别不喜欢做语文作业，尤其是作文。小萌觉得作文字又多又难写，每次都拖到最后才写，写得也非常慢，往往是好长时间才写一点儿。小萌妈妈觉得长久这样下去对小萌的学习非常不好，所以来找我帮忙。

我对小萌说："我能理解你，毕竟不同的学科对应的是不同的能力，比如数学学科主要对应的是逻辑思维能力、抽象思维能力以及空间想象能力等方面，而语文学科更多地对应记忆力、语言能力、观察力以及想象能力等。所以，每个学科都能使人的头脑产生不同的反应及不同程度的思考。再加上每个人的兴趣点和个人能力不同，对作业的喜好程度有区别是正常的，但我们需要全面发展，不能只学自己喜欢的科目，即使再不喜欢，也要慢慢去攻克它。"

我建议小萌妈妈在安排学习进度时，尽量避免在同一天内安排两门或两门以上小萌不喜欢的学科，并且要将小

学习习惯训练：让学习成为一种生活方式

萌喜欢和不喜欢的学科交叉混编，不喜欢的科目学习时间应尽量安排在大脑最活跃的时候，这样才能提升效率。

有的孩子相对来说喜欢理科，另外一些孩子相对来说更喜欢文科。孩子对于某些科目特别感兴趣，学习起来肯定会更加积极认真；遇到比较枯燥，或者是相对来说没有那么感兴趣的科目，就会兴致不高，学习起来就没有那么起劲儿。

对于这样的情况，我们除了要提升孩子的学习兴趣，激发孩子学习的内驱力，还可以尝试把不同的科目交叉混编，把孩子感兴趣和相对没那么感兴趣的两个或多个科目交替安排学习。

其实，我们从学校的课程安排中也能发现这个规律。大家都知道，没有哪个学校是先集中上完一门学科的所有课程，再去上另一门学科的。即使是一周之内，语文、数学、英语、历史、地理、生物、化学……也是按一定的时间规律每天搭配好的。

这是因为，一直只学习一个科目很容易疲劳，交叉学习会让大脑比较有新鲜感，这一学科学累了就换下一科，改变学习状态。交叉学科之间还可能会有知识上的贯通，这样就助于各学科的学习。另外，不同的科目由于知识结构不同，可能会动用到左脑或者右脑。交叉学习可以让左右脑均衡地运转，充分发挥大脑功能，学习也就变得更加轻松有趣，效率自然就提高了。

但是需要注意的是，交叉学习的学科数目不可过多，两到三科比较好，应该按照孩子的学习能力，选择适当的科目数量。

> **家长思考题**
>
> 1. 有什么好办法能解决孩子的偏科问题？
> 2. 哪些科目交叉学习对孩子更好？

● 适当的休息让孩子精力充沛

学习会收获新知识，但同时也会消耗大量的精力。如果一味地发挥"拼命"学习的精神，整天只知道让孩子学习，甚至"头悬梁，锥刺股"，最终只会筋疲力尽，学无所成。

学习虽然是孩子重要的任务，但绝不是生活的全部。我们希望孩子能够多花时间去学习，但也要意识到劳逸结合对孩子更重要。

学习是一种高级的精神活动。视觉神经在接受到外界的刺激以后，把信号传送到大脑，引起大脑皮质相应区域的兴奋。信号的刺激强度和持续时间与该区域的兴奋程度成正比，即强度越大、时间越长，兴奋程度就越高。大脑在这种兴奋状态下，能更好地进行分析综合、判断推理、记忆理解等。一旦学习的时间超过大脑兴奋的极限，大脑皮质的相应区域便会由于工作过度而逐渐失去兴奋的能力，开始由兴奋过程向抑制过程转化，于是疲劳就产生了。这时候，就会出现头昏脑涨、注意力不集中、反应迟钝等让大脑工作能力下降的现象。

如果这时候还强迫大脑继续高速运转，不仅工作效率会降低，还可能导致大脑功能紊乱，甚至会导致焦虑、失眠等症状。

人体最适合的学习模式是：全神贯注学习—充分休息—恢复精力—全神贯注学习……按照一定的周期循环，才能保证长期的高效学习，毕竟学习可不是一天两天的事情。

聪明的学习者善于在自己的大脑产生疲劳前，及时地转换学习内容，或通过休息和运动转移兴奋点，巧妙地把紧张和放松交替在一天的学习中，合理管理能量，保持最佳的身体和心理状态，从而提高学习效果。

（1）小周期休息法。

在每个小的学习周期中，我们已经给孩子留出了专门的休息时间，但因为休息之后还要接着学习，所以休息期间做些什么事情就尤为重要。因为时间比较短暂，不适合选择玩电脑游戏、听摇滚音乐、做剧烈运动等活动作为小周期学习间隙的休息方式。这些方式无法让孩子的心情处于较为平静的状态，"休息"之后反而会使心情浮躁，更加难以恢复专注。而听音乐、看绿色植物、远眺和做眼保健操，不仅能帮助孩子缓解视觉疲劳，还能让大脑得到休息。

冥想也有助于缓解疲劳。经常冥想，不仅能让大脑放空，提升想象力和创造力，还能增加做事的条理性，对提升学习效率也是很有帮助的。

所以，当孩子结束一个小周期的学习之后，我们可以让孩子看看绿色植物、眺望远方；或者听音乐、做眼保健操、散散步；又或者让他做五分钟的冥想、快速小睡一会儿，闭目养神。这样，孩子再次开始学习的时候，效率就高起来了。

（2）中周期休息法。

当孩子结束一天的学习以后，适当的运动锻炼也是必不可少的。

有一个学习效率公式：$7+1 \geq 8$。就是说，每天学习7小时，娱乐锻炼1小时，效果大于8小时连续不断的学习。我国教育部也曾提出"每天锻炼一小时，健康工作五十年，幸福生活一辈子"的口号，要求中小学生每天体育锻炼时间不少于一小时,以科学的作息时间来保证孩子的学习效果和身体健康。

此外,充足的睡眠也是保证精力的良方,是孩子成长过程中必不可少的休息。

很多家长为了让孩子出成绩,为了保证学习成绩名列前茅,盲目给孩子增加作业、请家教、上辅导班,加大孩子的学习负担,让孩子透支身体、熬夜学习。殊不知,这是本末倒置的做法,短期内可能会有成效,时间一长,不仅孩子的精力难以为继,身体健康也容易出问题。

一般来说,青少年和儿童必须保证每天不少于八小时的充足睡眠;低于这个时长,孩子的成长和学习都会受到影响。

说到睡眠,就不得不说说午休了。

很多家长都知道要培养孩子早睡早起的好习惯,午休时间却得不到很好的重视。

有的孩子觉得中午不困,所以就干脆不休息了。如果中午没有得到足够的休息,大脑经过一个上午的工作以后,会感觉疲劳,下午的工作效率就会下降。所以,大脑需要在中午时间得到一个很好的缓冲,以便有足够的能量来迎接下午的挑战。

有一些家长又觉得中午的休息特别重要,所以要求孩子中午要抓紧时间多休息,有的孩子中午甚至会睡上一个多小时，或者在假期的中午连续睡上好几个小时。

我们都知道，休息是为了补充能量，才能走更远的路。但能量不是越多越好，休息也一样，适量即可。中午如果睡太多，就需要更多的时间来进行调整，甚至一个下午都浑浑噩噩、无精打采，那就适得其反了。

所以，医生建议午休的睡觉时间在15~30分钟就足够了。

（3）大周期休息法。

当孩子结束五天的学习以后，周末的学习建议轻松一点儿，适当安排一些娱乐项目，比如看电影、郊游、运动等可以让孩子放松身心的活动，让孩子实现学习与休息的良性循环，以阳光积极的心态迎接下一周的学习。

其中郊游远足就是一个不错的选择。选个阳光明媚的日子，和孩子一起远足、爬山、野炊、露营……总之就是多到户外亲近大自然。大自然中有丰富的色彩和悦耳的声音，当孩子身临其境，身心就会得到彻底的放松。

或者久违地穿上运动装备，和孩子一起来一场酣畅淋漓的体育锻炼，让孩子在激烈的运动中释放紧张和压力，还能增进亲子关系，何乐而不为？

学习要注意方式，休息缓冲能让我们厘清思路，轻装上阵。劳逸结合不仅仅有利于孩子提高学习效率、稳定情绪、增强记忆力,而且是孩子生理发育和心理发展规律的客观要求。所以,休息对任何一个学习中的孩子而言,都是非常必要的。孩子只有休息好了,才有足够充沛的精力去读书学习。

家长思考题

1. 你留意过孩子一天中什么时候精力最旺盛吗?
2. 你打算如何帮助孩子安排一天的学习,以提高学习效率?

● 做好预习，带着问题学习更有目的

很多孩子都没有养成预习的习惯，总认为预习是浪费时间的事情，或者随便翻翻书就算是预习了。没有预习习惯的孩子，可能在一二年级的时候还能跟上老师的节奏，那是因为低年级的知识相对比较简单，孩子不需要花很大的力气就能学会。但上了三四年级，特别是到了高年级以后，随着知识量越来越多、难度越来越大，即使是天资聪颖的孩子，如果没有提前预习，都会开始感觉吃力。

小柔是一名六年级的学生，她一直很害怕上数学课，每次老师在课堂上讲数学题，她都提不起兴趣。
一个周五的下午，数学老师一进教室就给每人发了两张数学试卷。一看到数学试卷，小柔就开始害怕、恐惧，脑子一团糟，数学老师发完卷子之后的嘱咐，小柔一个字都没听进去。

回到家里,小柔把其他几科作业做完以后,周六下午才开始心不甘情不愿地拿出数学试卷,在爸爸妈妈的鼓励下,几乎是抱着"视死如归"的心态,埋头苦干。

两张卷子,其中一张还算简单,小柔用的时间虽然很长,但最终还是自己解决了。另外一张实在太难,小柔一个人解决不了,爸爸妈妈就陪着小柔一起思考、讨论,遇到他们俩也解不出的题,就打电话请教刚升上初中的学霸表哥,勉强算是给做完了。

小柔周一回到学校才发现,老师只要求做其中一张比较简单的,另外一张难的不需要做,是老师留到课堂上用来讲解的。

在听老师讲解有难度的那张试卷的时候,小柔突然发现,这节数学课好像跟原来的数学课有点儿不一样了。原来像天书一般的数学题,现在她能听懂了;原本看起来仿佛外星字母一样的数学符号,她居然能认出来,并且懂得它们代表的每个含义;原本怎么都看不懂的题目,她也一下子就能想到需要的公式和解题的思路。

小柔把这个好消息告诉爸爸妈妈,爸爸妈妈百思不得其解,但看到孩子慢慢开始不再害怕数学课,心里是又开心又担忧。开心是因为小柔突然开了窍,担忧是害怕这只是暂时性现象。

事后，我们一起探讨了一下，我告诉小柔父母，这是因为老师在课堂上讲的题目小柔都已经做过一遍了，而且在做题过程中经过了深入的思考，所以老师讲课的时候她立马就明白了。

预习是提高听课效率的重要方法。预习过的孩子在心理上会更有优势，因为老师在课堂上要讲的内容，他已经在预习的时候理解了很大一部分，听起课来自然会更加轻松一些。再者，老师在课堂上不会只讲课本上的内容，经常会有很多延伸知识，如果孩子在预习的时候把课本内容搞懂了，就不需要花时间、花精力去消化理解，而错过精彩的拓展内容了。

所以，即便孩子的学习时间再紧张，也要培养课前预习的好习惯。学习新内容的前一天晚上，做好预习工作，了解课程的进度和内容，有助于孩子初步了解课本知识，在课堂上紧跟老师的节奏，更快掌握课程内容。

孩子要做到边预习边思考，把重点难点画出来，遇到不懂的地方打个问号，做好标记，带着问题去听老师讲解。有了侧重点，会更容易理解课上内容，同时更有目的性和针对性。如果能在课堂上把问题都解决完，课后就不需要再额外花时间，学习效果自然更好。

孩子预习的时候要注意以下问题：

(1)预习不是全面学习。

预习是有针对性地浏览将要学习的内容,但绝不是把新内容全部提前学习一遍,这是不现实的。

首先,时间上不现实。如果让预习占用孩子太多的学习时间,很容易让孩子不堪重负,从而产生厌烦情绪,得不偿失。

其次,精力上不现实。现在的孩子要学的科目繁多,再加上复习、完成课后作业,有的孩子可能还有其他的兴趣班,若让孩子再花过多精力在预习上,很可能会打消孩子的学习热情。

再次,效果上不理想。预习,是提前让孩子自学将要学习的内容。既然是自学,孩子不可能只靠自己就能学会全部内容。如果勉强孩子全面铺开预习,也有可能会打击孩子自信心和积极性。

所以,预习不需要把新知识了解得太透彻,而是初步了解新课的框架和难度,抓住重点,知道自己的难点,以便有的放矢地听讲就可以了。

拿部编版小学五年级语文课本上册第13课《少年中国说》来举例,如果想让孩子通过预习就把课文学明白,至少需要两个小时以上。因为按照课本要求,孩子要认识"泻、鳞、惶、胎、履、哉"这六个生字,会写"泻、潜、试、胎、皇、履、疆"这七个生字,做到会写、会读、会运用;要能够正确、流利、连贯而有气势地朗读并背诵课文;要借助注释和资料,理解课文内容,抓住课文重点,提取重要信息;还要根据课文查找资料,拓展阅读为国家富强而奋斗的杰出人物的故事。这些都是需要大量时间和精力去完成的事情。

因此,在预习这篇课文的时候,可以先着重把几个较复杂的生字学会。"麟""履""哉"这几个字比较难,先结合语境识记,留下大致的印象,能够比较通顺地读完整篇文章,对文章核心思想有大概的了解,就算是完成预习了。更深入的学习和拓展,可以在正式学习这篇课文的时候去进行。

如果孩子有提前预习、有思考,哪怕在预习的时候找不到答案,只要带着问题听讲,等到老师在讲解的时候稍做引导,就会很容易理解了。

(2)预习不能千篇一律。

每一门学科的特点不同,预习的侧重点和方法自然也不一样,要根据学科特点,有针对性地浏览将要学习的内容。

比如预习语文,首先要了解课文大概内容,重点放在生字、生词,以及掌握中心思想上;预习数学,要把重点放在定理、公式、定律、概念和原理的理解上;预习英语,要先预习单词,小学英语预习要把重点放在口语练习上;其他学科可以根据标题和课后练习题来进行预习，提前和新知识"混个脸熟"，做到心中有数，为隔天的学习做好铺垫。

（3）预习要注意查漏补缺。

每个孩子都有擅长和不擅长的科目，因此预习和课后复习一样，都应该将重点放在自己不擅长的那一部分，以弥补知识短板。

那些孩子已经学会的知识，预习再多遍，也只是提升熟悉程度，而预习孩子不会的知识，才是真正的"开荒"。或许这个过程会相对更痛苦和艰难，但越是痛苦艰难的事情，进步才越大。

孩子每天的课程学习不是独立存在的，每一个新知识的应用，都有可能需要用到已经学过的旧知识。所以，在预习的时候，孩子要注意查漏补缺，加深和巩固与新知识相关联的旧知识，切勿因为忘记了旧知识，而对学习新知识造成障碍，这样也有利于知识的系统化，学得更轻松。

（4）预习会了更要认真听讲。

有的孩子会因为在预习的时候已经提前学会了课程上的新知识而扬扬自得，于是就有所松懈，甚至开小差、不认真听讲，这是舍本逐末的做法。要知道，学习的主要阵地应该是课堂，绝不可以因为有了预习，就不重视听讲。

笑笑是班里的数学学霸，再加上爸爸是当地中学赫赫有名的数学老师，所以笑笑经常会提前在家里把老师要讲的内容学会，有的时候还会超前很多。到了课堂上，每次老师把例题一公布出来，她就迫不及待地大声说出答案，还很得意的样子。老师跟她说，先思考一下再回答问题，她说她早就学过了；老师让她慢一点儿说，让其他同学也有思考的时间，她就甩甩手，低下头去玩铅笔盒了。

这样的次数多了，她自己也觉得没意思，于是每次数学课都心不在焉，要不就是和旁边同学说话，要不就是东张西望或者直接发呆。由于觉得自己"不用听课也会"，她在课后做作业和做练习的时候，也就没有了以往的热情和积极，经常都是敷衍了事。时间久了，以前经常考满分的笑笑成绩开始下降，经常在90分左右徘徊，笑笑自己也找不到原因，哪怕是做错的题，她再看的时候依旧觉得自己是会的，只能把原因归结为马虎、疏漏……

越来越多的家长开始关注培养孩子的预习习惯，有的孩子在家长的引导下，盲目以为预习就是尽量多地提前学习，学得越多越好，掌握得越早越好，却忽略了听讲习惯的培养。特别是低年级的时候，老师很容易就会误以为这样的孩子特别聪明，一教就会，一学就会。如果家长或者老师没有注意引导，让孩子以为不用认真听讲就能够轻易得到高分，孩子很容易就会沾沾自喜，以为仅靠预习或者自学就能够掌握所学知识，就会越来越不重视听讲，对知识的掌握就不会特别深入，形成一种"好像是学会了，但其实没有学会"的假象，变成俗话说的"一瓶子不满，半瓶子咣当"。特别是自控力比较差的孩子，由于没有养成良好的听讲习惯，就容易在课堂上分神，去干别的事情，不认真听课。

孩子一旦陷入"不用认真听讲也能学会"的误区，养成了"只预习不听讲"的坏习惯，随着迈进新的年级、新的教学进度，知识量不断增加，难度也越来越大，孩子就会慢慢发现，不知道从什么时候开始，老师讲的内容听不懂了，开始跟不上，甚至掉队了。

所以，在预习的时候，除了学习知识，更要调整孩子的心态，让他明白预习是为了更好地学习，而不是为了让他沾沾自喜甚至自满。

（5）预习不懂很正常，课堂听讲要留心。

在预习的时候遇到不懂的问题是很正常的事情，孩子要用平常心对待，做好标记，在老师讲到有关问题的时候，打起十二分精神仔细听，直到把问题搞懂为止。

总之，预习是非常重要的，特别是对于小学生来说，绝对有益无害。家长一定要引导孩子养成预习的好习惯，而且一定要鼓励孩子把这个好习惯坚持下来，陪伴孩子的整个学习生涯。

> **家长思考题**
>
> 1. 如何让孩子养成预习的好习惯？
> 2. 预习到什么程度才能让孩子对课程有所了解，又不至于失去学习的兴趣？

● 营造学习氛围，排除环境干扰

在我们从小到大的认知里，相对安静的环境更有利于学习，所以很多父母都尽量想办法给孩子营造安静的学习氛围。

不知道从什么时候开始，网络上有人提倡，在不太过嘈杂的自然的声音和充满生活气息的环境中学习，更能培养孩子的专注力。于是一些家长就不太在乎孩子的学习环境，甚至有的家长会故意给孩子安排一些"背景音"，以考验孩子的专注力。

学习习惯训练：让学习成为一种生活方式

　　玲玲家就经常上演这样一幕：饭厅里，玲玲正趴在餐桌上埋头做作业，只见她写一会儿，站起来看看妈妈今晚做什么菜；又写一会儿，起来喝口水；再写一会儿，去上个洗手间；继续写一会儿，和脚边的小猫玩一下……

　　而坐在客厅看篮球比赛的爷爷，看到玲玲总是偷瞄电视，就把电视关掉，玩起手机来。

　　"玲玲，不要东张西望，专心写作业。"妈妈关掉呼呼作响的抽油烟机，大声跟玲玲说。

　　没过一会儿，奶奶捧着一盘哈密瓜过来，给玲玲喂了一口，说："我的乖孙女，做作业累坏了吧，快吃口水果歇一歇。"

　　好不容易完成数学作业，正当玲玲打开语文课本，准备开始写生字的时候，爸爸下班回来了。玲玲马上停下来，兴高采烈地跑过去和爸爸分享今天的趣味运动会……

　　等到妈妈做好晚餐，叫大家洗手吃饭的时候，玲玲才发现，一个多小时过去了，她只完成了数学作业，语文刚开了个头，而英语作业还静静躺在书包里。

　　事实证明，混乱的环境容易使人变得烦躁不安，降低学习和工作的效率。孩子更是难以在嘈杂的环境中集中注意力

163

来学习，外界的一点儿风吹草动，都会成为孩子分心的导火线。相反，固定的学习场所、舒适的温度、亮度合适的灯光、安静的环境、干净整洁的书桌，都能让孩子更加专注，从而更积极地投入学习。

不少孩子学习习惯不好，常常无法集中注意力，在很大程度上和长期受到外界环境干扰的学习氛围有关。就像玲玲，做作业的过程中，干扰因素太多，不断受到家人的打扰，长时间无法集中注意力学习，慢慢就会养成边玩边做作业的拖拉习惯。

所以，家长们要为孩子安排一个相对独立、少干扰的专门学习的空间，这个空间可以是书房，也可以是孩子房间里的一张书桌。书桌上只放和学习有关的物件，包括台灯、文具、学习用品等，其他和学习无关的东西一概清空。

总之，桌面上越干净，越能减少对孩子学习的干扰，提前准备好学习所需物品，也能避免因为缺少学习用具到处翻找而浪费时间，以防学习中思路被中断。

另外，书桌仅用于跟学习有关的活动，在孩子的心里就会慢慢形成一种条件反射和心理暗示：书桌是用来学习的，只要坐在这张书桌前，就要集中注意力开始学习。

孩子在开始学习之前，应该提前完成所有的准备，如喝水、上洗手间等。如果孩子放学回家有先吃点心的习惯,也要在此之前完成,避免学习过程中一会儿饿了、一会儿渴了、一会儿上洗手间,造成思路中断,影响专注力。

在学习的过程中,父母要尽量保持安静,不要打扰孩子,更不要进进出出分散孩子的注意力。如果父母在陪伴孩子学习的时候感到无聊,也绝对不能玩手机,可以带上一本书,边看书边陪孩子,"学习型"的父母对孩子也能起到很好的榜样示范作用。

最后,父母要避免做监工。在孩子学习的过程中,切忌一会儿批评孩子计算错误,一会儿指责孩子字写得不好,总是打断孩子的学习进程。如果看到孩子有做错或者做得不好的地方,请先暗暗记在心里,等孩子完成任务以后,再和孩子一起讨论。如果孩子遇到不会的题目,也让孩子先完成会的,在不会的地方做好标记,最后一次性提问、讨论或翻书查找答案。

良好的学习环境是高效学习的基础,既能增强孩子的专注力,也能提升孩子的学习效率。孩子的心智还不成熟,很容易受外界影响,父母有责任为孩子营造良好的学习氛围,引导孩子养成提前做好准备、排除干扰、专注高效学习的良好习惯。

> **家长思考题**
>
> 1. 一个安静的学习环境应该有哪些设施？
> 2. 怎样避免孩子在家学习时被环境所打扰？

● 互动式学习，让学习变得更加有趣

我在语文课堂上遇到过两个性格截然不同的孩子。

东东是一个安静的美男子，每次上课都把小手乖乖放在大腿上，小腰板挺得直直的，端端正正地认真听我讲课，练习的时候也乖乖地跟着大家认真练习。洋洋是一个活泼调皮的小美女，在我的课堂上，从没见过她能在凳子上安静坐着超过十分钟。

有一次，我给他们讲李白的《静夜思》。东东始终安静地坐着，认真地听着，从不插话也从不捣乱。洋洋却恰恰相反，一会儿站起来给大家展示刚学会的"床前明月光，疑是地上霜。举头望明月，低头思故乡"，一会儿又跑去拉着其他小朋友一起练习，小嘴一直不停，一会儿一个为什么："李白是唐朝诗人，唐朝是哪个朝？""为什么

看到月亮就会想到家乡?"一会儿又像模像样地假装在仰望月亮。

课后我给家长们反馈孩子情况的时候,东东妈妈满意地笑了,洋洋妈妈则担心地皱着眉头问我:"老师,洋洋课堂上这么不乖,会不会打扰其他同学?她会不会什么都没学会?会不会转头就忘了?"其他家长也异口同声地提出这个问题。

于是我给他们布置了一个任务,让孩子回家以后给家人讲讲今天上课的内容,并请家长分享到群里。

当天晚上,学习群里大部分家长都反馈孩子们基本能够完成任务。特别是洋洋妈妈,她给我们分享了一个视频。在视频里,洋洋有模有样地向着窗户仰着头,对着窗外的月亮完整地背诵了《静夜思》,还大概讲了这首诗的背景故事。而东东在给爸爸妈妈讲解的时候,不仅背得断断续续,诗的背景和含义也说得磕磕绊绊……

这个案例也说明,在课堂上,如果孩子只是安安静静地坐着听讲,而没有积极融入自己的思考,那么孩子学习的积极性就大打折扣,对内容的了解也不会深入,而且根据艾宾浩斯遗忘曲线的规律,孩子很容易就把课堂上学习的内容忘得一干二净。

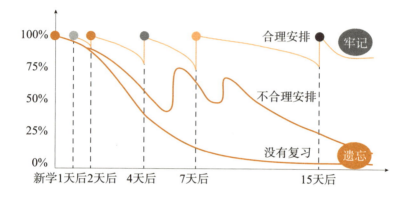

艾宾浩斯遗忘曲线

艾宾浩斯遗忘曲线,是一种描述人类大脑对新事物遗忘规律的曲线,是由德国心理学家艾宾浩斯通过实验发现的。艾宾浩斯在实验中使用了无意义的音节作为记忆材料,通过记忆这些音节并在一系列时间间隔后检查遗忘率,从而得到了著名的艾宾浩斯遗忘曲线。这个曲线直观地揭示了遗忘的进程,即遗忘率随时间的流逝而先快后慢,特别是在刚刚识记的短时间里,遗忘最快。同时,记忆的保持在时间上是不同的,有短时记忆和长时记忆两种。

艾宾浩斯遗忘曲线显示,信息输入大脑后,遗忘也就随之开始了。他认为,"保持和遗忘是时间的函数"。在刚刚记完时,人的记忆内容几乎可以达到100%;20分钟后,就已经下降到58.2%;一天后,下降到33.7%;一周后,记忆内容几乎下降到 25.4%。那根据这一规律,对所学知识进行及时的复习,就可以达到最大化的记忆效果。再加上多感官的参与,可以让知识从短时记忆变成长时记忆,在大脑中保持很长的时间。

比如,想要牢记某个知识点,一般在记住后,5 分钟后重复一遍,20 分钟后再重复一遍,1 小时后、12 小时后、1 天后、2 天后、5 天后、8 天后、14 天后分别重复一遍,就会记得更牢。

心理学上有句话说:知识只是流经大脑而没有流经身体的话,那只是一个美丽的传说。也就是说,在课堂上,如果孩子仅有学,而少了参与,学习就会变得非常被动且枯燥乏味。孩子只是靠看靠听、被动地接收知识,知识就会像匆匆忙忙的过客一样,很快就消失得无影无踪。如果孩子能够让眼睛、耳朵和大脑形成联动,通过眼睛"看"、耳朵"听"输入丰富的知识,然后再通过大脑的思考对这些知识进行深加工,进而与已经掌握的知识关联起来,在思考中梳理、总结与归纳。

同时,还要注意培养孩子在学习中的参与感。不管是老师提问、组织活动,还是安排讨论、互动、操作,甚至质疑、争论的过程,都要鼓励孩子以主人翁的身份积极参与。这样的学习过程,不仅能够提高孩子发现问题、辨别问题、分析问题、解决问题的能力，还可以激发孩子的学习主动性和积极性，提高学习的热情。

> **家长思考题**
>
> 1. 怎样促进孩子和老师的互动？
> 2. 如何调动孩子的所有感官去提升学习效率？

● 番茄钟时间管理法，解决孩子学习时的畏难情绪

番茄工作法，又称作番茄钟时间管理法，是意大利人弗朗西斯科·西里洛发明的一种时间管理方法，因为他使用了从厨房里随手找到的小番茄闹钟来计时而得名。

番茄工作法就是以 25 分钟（一个番茄钟）为周期专注工作，中途不允许做任何与该任务无关的事情。每完成一个番茄钟的工作（25 分钟），需要休息 5 分钟；每完成四个番茄钟的工作，需要休息长一点儿的时间，如 15~30 分钟。如果中途不得已被打断，则需要重新开始计时。

二年级的小光学会加减法算术之后，为了训练孩子

学习习惯训练：让学习成为一种生活方式

的口算能力，小光爸爸要求小光每天完成200道加减法口算题。

第一天，小光拿起题目就埋头做起来，刚开始做得很快，不一会儿就完成了80多道题。他刚要停下来，爸爸就敲敲桌子提醒他："才完成了一半不到，不能停下来，继续。"小光动了动发麻的手指，扁着嘴，勉为其难地继续……

第二天，小光开始做题没多长时间就不耐烦了，坐在椅子上迟迟不肯继续，爸爸在旁边催促提醒了好几次，拖拖拉拉快一个小时，好不容易才把180道题做完。

到了第三天，无论爸爸妈妈如何威逼利诱，小光都不愿意做这些口算题了。

后来，小光妈妈想了一个办法，她把一个长得很像番茄的计时器拿给小光，然后跟他说："宝贝，要不这样，我们先做15分钟，用妈妈的这个计时器计时。不管你做了多少道题，只要计时器一响，我们就停下来休息3分钟。"

小光勉为其难地点点头，说："那你得说话算数。"

妈妈认真地看着他的眼睛："妈妈还有两个要求。第一，计时器一旦开始，你就要专心做题，不能做其他事情，中途也不能暂停；第二，在开始之前，我们先去解决个人问题，免得一会儿要喝水、一会儿要上洗手间。"

小光按照妈妈的要求去做了，果然，15分钟后，妈妈就按照约定让小光停下了笔，还沉浸在口算题中的小光甚至有点儿意犹未尽。他休息了一会儿之后，又开始进行下一个15分钟的做题时间。这次小光没用爸爸妈妈催促，顺顺利利地将180道题目做完了。

有的时候，孩子不是没有能力完成任务，也不是不想完成任务，而是被任务"吓跑"了。试想一下，当我们接到一个看上去无穷无尽的任务，似乎需要很长的时间才能完成，是不是瞬间感觉压力很大，甚至会悄悄打起退堂鼓？

孩子们也一样。番茄钟可以帮助孩子把耗时长的任务分解成若干个相对简单的小任务，每个小任务只需要25分钟的时间，看起来更容易，这会大大减轻孩子完成任务的焦虑。当孩子产生畏难情绪、想要放弃的时候，想到只需要坚持集中精力做25分钟就可以了，压力是不是会更小一些？焦虑感是不是在无形中降低了？

当内心感觉到任务变得简单了，孩子们就更容易集中注意力，事情也就真的变得简单起来，完成起来也就更加得心应手了。

根据实际应用经验，番茄工作法的时间长度设置并非一成不变的25分钟，家长可以根据孩子的具体情况进行调整。

计时工具也不一定非要专门的"番茄钟"不可,可以用普通的时钟、手表、沙漏或者闹钟,其中有倒计时和闹铃功能的闹钟最佳,但不建议用手机,以免造成人为干扰和对电子产品的依赖。

在训练孩子使用番茄钟的时候,要注意循序渐进,从 10 分钟开始,待到孩子逐渐适应这种方法以后,逐步拉长训练时间,一个番茄钟最多不超过 25 分钟。

为什么是 25 分钟?因为 25 分钟是人的专注力保持得最好的一个时间段,在大脑变得疲劳之前,利用一次短暂的休息来迅速恢复体力,重新投入高效学习。

经常使用番茄钟的孩子,会对时间越来越敏感,专注力也会越来越好,能更好地控制自己的行为,在完成任务的时候拥有良好的节奏,能够持续、轻松、高效地学习。

家长思考题

1. 怎样解决孩子的畏难情绪?
2. 你是否尝试过用番茄钟的方式提升孩子的学习效率?

3 在学习中收获长久的愉悦感,把学习当成一种习惯

● **好的心态是成功的发动机,把学习变成有趣的事**

美国教育学家布卢姆说过:"一个带着积极的情感学习课程的学生,比那些缺乏热情、乐趣和兴趣的学生,或者对学习材料感到焦虑和恐惧的学生,学习得更加轻松,更加迅速"。

孩子们天生就有强烈的求知欲,几乎所有的儿童都很喜欢学习,导致孩子厌学和消极态度的,很多时候是父母和学校的态度和不当的教育。

不少家长把吃喝玩乐作为对孩子学习的奖励,还有的家长抱着"让孩子好好玩,有一个快乐的童年"的态度来养育孩子。往往就是家长的这些行为和态度,让孩子在成长过程逐步产生"学习很辛苦"的思想,以至于现在社会中有越来越多的学生厌学。

学习和玩并不是对立的,如果家长能够有意识地带领孩子找到学习的乐趣,让孩子在玩中学、在学中玩,边玩边学,

学习习惯训练：让学习成为一种生活方式

学得更快乐，玩得也更有趣，那么孩子会终生都对学习抱有兴趣。

那么，如何让孩子在学习中体会到玩的乐趣呢？

比如小孩儿学数数，如果我们一板一眼地把阿拉伯数字一个一个写下来，又简单粗暴地指着一个个数字让孩子记住，并了解它们背后所代表的意义，孩子一定会觉得没意思、不好玩儿。但如果我们使用道具——当孩子要吃水果的时候，边吃边和孩子玩"数水果"的游戏；和孩子郊游仰望星空的时候，望着一闪一闪亮晶晶的小星星，牵起孩子的小手，一颗一颗地"数星星"；爬楼梯的时候，和孩子一起玩"数一数有多少级台阶"的游戏……那么，孩子不仅能学会数数，还能体会到和家长一起探索自然、一起玩闹的乐趣。

日常生活中也有很多场景能够让孩子的兴趣和知识得以施展，从中获得极大的荣誉感，进而对学习更感兴趣。

丽丽小的时候，家里曾经在市场做过一段时间的买卖，她对数学的热爱，也是在那段时间培养起来的。那时候没有计算器，好一点儿的档口会有一个算盘，更多的档主都是靠口算。

有一次，丽丽爸爸有事走开，交代隔壁的档主帮忙看一下。没过多久，来了一个客人，隔壁档主过来帮忙称了东西之后，随口交代了一句"三元一斤，一共一斤四两"，就匆忙回去接待自己档口的客人了，留下五六岁的丽丽和客人面面相觑。丽丽听到客人口中念念有词："一三得三，三四一十二，哇，要15元，太贵了，不要了。"看到客人放下东西就要走的样子，丽丽着急得都快哭了，她赶紧拉住客人重新算了一遍："阿姨你刚才算错了，一三得三是3元，三四一十二是1.2元，加起来是4元2角，不是15元。"

因为这次的算账事件，丽丽在市场里成了"算术能手"，周边的档主只要看到丽丽放假过来帮忙，都会高兴地拉着她去帮忙算账，大家都夸丽丽算得又快又准。

得到了大家的肯定和赞扬，丽丽学起数学来就像充满了电的电池一样动力十足。于是在后来很长的一段时间里，丽丽的数学成绩都名列前茅，还经常代表学校和地区参加数学竞赛并获奖。

当孩子不断通过学习获得更多、更广泛的知识时，孩子的内心是富足的，心理是积极正面的。而孩子通过掌握和运用这些知识，又会发现自己的能力在不断提升，能从中收获成就感和价值感。这都能成为促使孩子爱上学习的强大动力。

学习习惯训练：让学习成为一种生活方式

> **家长思考题**
>
> 1. 日常生活中有哪些场景适合提升孩子的学习能力？
> 2. 怎样让孩子在学习中体会乐趣？

● 分清目标，把好学习的方向盘，小目标带来成功快乐，大目标引领梦想方向

做好时间管理，一定少不了定目标、做计划。一提到目标，家长就会想到孩子将来要考上什么大学、从事什么职业；一提到计划，人们想得最多的是日计划、月计划、年计划……

不管是计划还是目标，它们之间都存在内在的逻辑关系，我们不能把它们孤立起来。在制订计划时，既要考虑长远目标，也要考虑短期目标，并且最终都要落实到日常的具体行动上来。

孩子们常常搞不清楚自己要做什么、想要成为什么样的人，家长就要帮助孩子，引导孩子找到人生目标、明确方向。然后像剥洋葱一样，把终极目标看作洋葱芯，外面一层层的

结构就是我们为实现终极目标而需要达成的每一个小目标。从外向内把洋葱剥开，也就是将人生的大目标分解成一个个小目标，再把每一个小目标分解成若干个更小的目标，最后再将小目标细化成具体的行动。

如果我们给自己定下一个目标，要在五年内看完100本书，那么我们每年就要读20本书。假设每个月读两本的话，一年就能读24本。除开特殊情况，一定可以读完，甚至还可能会超额完成。

再把目标细分下去，如果一个月要读两本书，按照每本书300页来计算，每天大概要读20页；如果五分钟读完一页，也就是每天大概需要读书100分钟。只要每天坚持，五年下来，读完100本书的大目标就一定能够实现。

这就是剥洋葱法，把终极目标一层层细分，并落实到具体的行动。

小七是一个活泼开朗的女孩子，她成绩一直不错，但不擅长英语。小七父母想了很多办法去提高小七的英语成绩，都没有见效，因为小七一直困在学习英语的第一关——背单词。父母给小七找了很多英语辅导老师，但这些辅导老师全部都是一个说法：如果她单词量上不去，那英语成绩是不可能提升的。

为了小七的英语成绩能得到提高,爸爸妈妈一直在劝小七背单词,但小七非常抗拒。她觉得背单词太枯燥了,既不像数学、物理一样逻辑很强,学会公式之后往题目上套就行,也不像语文一样言辞优美。这些单词对小七来说就像是一堆堆扭曲的线条,而她还要去区分每个线条之间的差别,实在是太难了。

看到孩子如此抗拒背单词,小七父母虽然发愁,但没有继续逼迫孩子学习。

今年夏天,小七的爸爸妈妈给小七报了一个夏令营,这个夏令营的主旨是中外交流,所以会有很多国外的小朋友过来和他们一起玩耍、学习。

小七在夏令营里刚开始过得很快乐,夏令营的老师们带着他们一起爬山,一起露营,一起辨认植物、学习知识。但这一切随着国外交流团的到来,变得不一样了。

一些英语好的中国孩子在国外小朋友到来的第一天,就愉快地和他们交流起来了。一些英语不是那么好的,也用自己会的那些单词,磕磕绊绊地试图交流。小七则躲在老师身后,有些怯懦地看着那些好奇的外国小朋友,不敢上前。

"小七,去和他们交流一下啊,这些国外的小朋友都很友善的。"老师把小七从身后拉出来,笑着鼓励她。

小七快要哭出来了："可是……我英语不好……"

老师笑着说："没关系的，大家英语其实都不太好，都没有到能和外国人自如聊天的程度。你想到哪个单词就说哪个单词，实在没办法表达自己的意思，就用手比画，对方应该能理解。"

"可是……我几乎就不会几个单词啊！"小七在心中哀号。

但小七还是在老师的微笑鼓励下，往前走了一步，尝试和国外的小朋友交流："Hello！ I……I……"小七支支吾吾半天，实在是想不出其他自己还能记住的单词了，她红着脸跑开，留下对面一脸莫名其妙的小朋友。

在余下的活动中，小七只能羡慕地看着其他中国孩子和国外的小朋友有说有笑，交流越来越顺畅，英语也越来越好，她却只能独自一个人孤独地完成老师的任务。

夏令营结束后，小七对爸爸妈妈说："我要好好学英语，我背单词！"

小七父母不明白为什么小七思想发生了转变，但他们乐于看到这种转变，自然是打心底为她感到高兴。

最开始，小七每天都能背30个单词，但没几天，小七就打起了退堂鼓，单词背得越来越慢，花的时间越来越长，而且也越来越不愿意打开单词书了。

小七妈妈想来想去,觉得总是放弃也不是办法,这样下去,孩子不仅没办法学好英语,以后遇到困难也很容易放弃。后来,小七妈妈和小七商量,目标依然是每天30个,但把这个目标再细分一下,分解成每天完成3组、每组10个。这样和小七的水平比较接近,小七只要稍稍努力就能完成,执行起来就没那么困难了。

每当小七努力完成一组,妈妈就在旁边给小七鼓掌,大声鼓励她:"我家小七真棒,这么快就背完一组了!""你离目标又近一步了!""这一次比上一次早完成了10分钟!"……有了妈妈的帮助和鼓励,小七一天比一天进步,从刚开始的每10个单词要背半个小时,进步到只需要十几分钟。她的词汇量越来越多,甚至没请辅导老师,英语成绩就噌噌往上涨。

把目标层层拆分、层层递进,最后分解到该如何做、做什么等。总之,不管孩子的目标有多大,最后都要分解为具体的行动目标,并且这个行动目标必须是孩子稍稍努力就能够达到的。若目标太大、太难达成,很容易打击孩子的士气;若目标太小、太简单,轻而易举就能达到,孩子就不会主动去努力。

当然,只是制订目标、做好计划是远远不够的。在实现目标的道路上，孩子会遇到各种各样的困难，经历各种挫折，可能会觉得苦、觉得累，甚至还会想要放弃。作为家长，我们不仅要陪伴孩子，和孩子一起战胜困难，逐步向目标迈进，还要助力孩子把好方向盘，及时帮助和鼓励孩子，让孩子在实现目标的道路上更有信心和力量。

好的目标是孩子成长的驱动力。目标能否实现，不仅仅取决于孩子有没有努力，更重要的是要引导孩子学会拆解大目标，做出详细的可执行的阶段性计划。如果目标是孩子航行在大海中的灯塔，父母就是孩子的船长，始终帮助孩子把好方向盘，引领孩子向着梦想的方向前进。

家长思考题

不同的科目有不同的学习方式，家长如何运用自己的知识，将不同的科目拆分成长远目标和各阶段小目标？在这个过程中，家长又能帮助孩子做什么事情呢？

● 教会别人是最好的学习方式

美国著名学者、学习专家爱德加·戴尔提出的学习金字

学习习惯训练：让学习成为一种生活方式

塔理论，形象地显示了几种学习方式的不同效果：我们最常用的"听讲"，也就是老师在上面说、学生在下面听的学习方式，效果是最差的，两周以后学习的内容只记得 5%；"阅读"方式学到的内容次之，可以记住 10%；其次是"声音、图片"的学习方式，可以记住 20%；如果采用"示范"的学习方式，可以记住 30%；"小组讨论"能记住 50%；"做中学"或"实际演练"能记住 75%；而在金字塔基座位置，能让学习效果达到 90% 的学习方式，就是"教别人"或"马上运用"。

所以，现在教师的教学方式也变得越来越多样化，老师们不仅仅限于"讲授"，也开始把各种各样的教学方式结合起来，务求让学生学得更多、记得更牢，不断提高学习效果。

佳佳刚开始接触数学应用题的时候，因为贪图方便，经常不按老师的要求作答，常常不是忘记写"答"字，就是偷懒没有打草稿而算错结果，又或者因解题步骤太简单而被扣分。老师多次向家长反馈，希望家长能够提醒和要求孩子注意答题规范。

佳佳妈妈每天给佳佳检查数学作业的时候，都特别留意这些问题。每次看到佳佳结果算错，或者没有完整写出解题步骤，都要把佳佳严厉批评一顿："我和老师都提醒你多少遍了？把解题步骤写清楚！老师一直都说你的解题步骤太简单,为什么你总是不写完整?你这样的习惯非常不好,明明是已经掌握的知识,如果少写几个字,或者是不打草稿算错数,到时候整道题的分都要被扣的!"

一听到妈妈又要开始长篇大论,佳佳捂着耳朵,拼命摇着头说:"我就是不会嘛,我怎么知道怎么写才是完整步骤?"妈妈越是提醒,越是批评指责,佳佳错得越多。

我给佳佳妈妈推荐了爱德加·戴尔的学习金字塔理论,建议她在家里让孩子当当"小老师",让孩子在教别人的过程中复习和巩固,并且起到提醒自己的作用。

于是,佳佳妈妈开始让佳佳在家里当爸爸妈妈的"小老师",给爸爸妈妈"上课"讲题。

在孩子讲解题目的过程中,佳佳妈妈故意学着佳佳的样子,计算的时候"不小心"加错位、算错数;遇到稍难的题目的时候,经常会"想破脑袋想不出来";即使想出来,也会因为"没看清题目"审错题,或者中间偷偷漏写一两步。

为了教会妈妈,佳佳把所有数学题都仔细研究了一遍,甚至不需要妈妈嘱咐,佳佳就主动去了解解题的步骤和扣分项目,从而将整套解题流程都烂熟于心。

"小老师"会严肃地提醒妈妈要细心审题、算术的时候不要忘记打草稿,还会很耐心地把解题思路一遍又一遍地重复讲解,直到妈妈露出恍然大悟的神情,他才会骄傲地抬起下巴说:"这么简单的题目都不会,以后要更细心,要加强练习。"

这时候,爸爸妈妈通常都心领神会、相视一笑。

经过一个多月的"教学"之后,佳佳已经彻底改正了自己之前的不良做题习惯,不仅做题的时候严谨认真,数学成绩也越来越好。

大多数学习成绩不好,甚至厌学的孩子,都是因为在学习中无法体验到成就感,常常觉得自己"不会""不行",或者"做不到",从而对自己失去信心。家长越是批评指责,孩子就越没自信。如果家长在孩子的学习过程中多看到孩子做得好的地方,多鼓励孩子,让孩子体验到成功,孩子的内心就会得到满足,从而充满自信。自信的孩子学习起来自然干劲十足。

由此可见,"教是最好的学"。如果家长能够改变传统观念,把主动权交给孩子,多向孩子提问和"讨教",不仅可以让孩子在"教学"和"讲解"中不断总结和反思,起到巩固知识的作用,还能让孩子在充当"小老师"的过程中收获成就感,从而产生责任心,提升自信心,大大激发孩子的学习兴趣和主动性。

> **家长思考题**
>
> 1. 你尝试过"以教代学"吗？
> 2. 如何让孩子心甘情愿地当你的老师，给你讲解题目？

● 适当的鼓励是孩子学习的润滑剂，肯定和认可是自信和力量的源泉

孩子拿着99分的试卷回家，作为家长，你是会称赞孩子认真复习、通过自己的努力获得了好成绩，还是盯着孩子粗心大意导致错失1分而喋喋不休？

孩子跳绳跳得满身大汗，上气不接下气地来告诉你，她终于跳到了50下。作为家长，你是要鼓励她不怕辛苦、坚持锻炼，还是要嘲笑她跳绳水平差，练习了这么长时间只能跳50下，而隔壁家小光能一口气跳200多下？

这样的选择常常出现在我们的育儿道路上，一部分父母不管孩子做了什么，总是习惯性地只看到孩子做得不好的地方，总希望通过批评指责来"敲打"孩子，给孩子压力，还希望孩子能把压力转化成动力，从而更加努力上进。但这样

学习习惯训练：让学习成为一种生活方式

的结果往往是孩子失去自信心，进而失去学习的动力，自暴自弃。

人只有"感觉好"才能做得更好。如果在孩子养成好习惯的过程中，父母总是批评孩子，其实就是在给孩子的行为做"负向强化"，这样很容易破坏孩子在这件事情上的"好感觉"，导致孩子总觉得"不行，我做不好"。如果孩子的感觉不好了，不自信了，不相信自己能够做好，他又如何能够坚持下去？

我们常常说："从'知道'到'做到'，中间隔着个太平洋。"当孩子开始养成一个好习惯的时候，家长们往往十分心急，恨不得按个按钮，孩子就能够马上把习惯养成。但我们都非常清楚，这样的想法不现实。因为孩子要养成一个好的习惯，需要时间的积累和沉淀，这中间不仅仅需要长时间的刻意训练，还需要家长的鼓励和肯定。

家长们越是希望孩子做得好，越是要想办法让孩子"感觉好"，这就需要家长们更多地关注孩子做得好的部分，多给孩子做"正向强化"。这样一来，孩子的"好感觉"就会常伴身边，自信心就会得到大大的提升。只有当孩子觉得自己有能力、做得到的时候，才会更加愿意去坚持。

鼓励在孩子的成长过程中至关重要，阿德勒学派的著名心理学家鲁道夫·德雷克斯也说过："孩子们需要鼓励，就像植物需要水。"可是，如何"浇水"，是有技巧的，如果水浇太多了，植物会被淹死；如果水浇太少了，植物又会干枯。就如很多父母不知道如何鼓励孩子一样，有的父母很少鼓励孩子，甚至经常打击、批评孩子；有的父母却崇尚"赏识教育"，一味地表扬、赞美孩子。不管是哪一种，如果鼓励的方式不对，结果都有可能适得其反。

那么，如何掌握其中的"度"呢？

首先，我们要明白，鼓励并不是表扬。我们鼓励孩子是针对孩子的付出而不是最终取得的闪闪发亮的成果。成果固然更加耀眼，但我们对孩子取得成果的过程中的艰难和汗水的鼓励，更能让孩子感动。

其次，鼓励的焦点是孩子而不是家长，鼓励的核心是要看到孩子的努力，看到孩子做得好的地方，并详细描述出来。如果你要鼓励孩子的努力，可以说："我看到你为这件事付出了努力。"如果要鼓励孩子的态度，可以说："你做这件事情时的态度非常认真、专注。"鼓励孩子的创意："我看到你尝试了好几次，最后的这个方法真的很有创意。"鼓励细节和进步的时候可以说："你今天完成口算题比昨天快了2分钟，而且全部都做对了。"鼓励勇气的时候可以说："今天的这个任务太难了，我看到你想了很多方法，最后鼓起勇气克服困难，你太了不起了。"鼓励孩子守信:"我看到你今天遵守了我们关于屏幕时间的约定,虽然游戏还没有结束,但计时闹钟一响,你马上就停下来关闭屏幕,果然是说到做到呢。"鼓励体贴时可以这样说:"谢谢你昨天在妈妈生病的时候照顾好自己,还替妈妈准备吃药的温水。"

如果家长们不知道平常如何鼓励孩子,可以记住这三个句式:

描述式:"我看到……""我注意到……"

例:"我看到你写完作业以后,马上就把书桌上的东西归类整理好了。""我注意到你刚才做计算题的时候,认真打草稿了。"

感谢式:"谢谢你……""感谢你……"

例:"谢谢你今天帮妈妈取快递。感谢你今天给阳台的植物浇水。"

赋能式:"我相信……""我坚信……"

例:"我相信你能够管理好自己的屏幕时间。""我坚信你能和弟弟好好商量出一种解决方案。"

最后,鼓励是为了让孩子变得更好,因此一定要适度,不能让孩子产生骄傲自满的情绪。一旦发现孩子产生了这样的情绪,一定要及时帮助孩子调整心态,让孩子拥有一颗平常心。

家长思考题

1. 对孩子的鼓励，间隔多长时间为好？
2. 如何把握鼓励和表扬之间细微的差别？

第 5 章

生活习惯训练：良好的生活习惯让孩子学习精力有保障

> 生命的价值不在于时间的长短，而在于你如何利用它。
> ——蒙田

生活习惯训练：良好的生活习惯让孩子学习精力有保障

1 运用一些小技巧，让孩子养成早起的习惯

"起床啦，起床啦，起床时间到了。"

"妈妈，我还想再睡一会儿……"

"起床了，再不起床就要迟到啦。"

"我就再睡5分钟嘛，5分钟之后，你一叫我就马上起床……"

5分钟之后。

"起床啦，起床啦，已经不止5分钟了。"

拖拖拉拉起来，再拖拖拉拉穿衣服，然后一看时间，离应该起床的时间已经过去了15分钟。

"哎呀，都这么晚了！妈妈你刚才怎么不叫我起来？我要来不及了！"

"快点快点，快去刷牙洗脸。"

"快点快点，快吃早餐。"

"快点快点，赶紧穿鞋子出门，不然就赶不上了。"

……

193

上面的情形是不是看着很熟悉？我们说过，孩子早起上学和晚上放学回家做作业，是拖拉磨蹭的重灾区。之前我们讲过如何让孩子自主地去写作业，现在我们讲一下如何运用一些小技巧，让孩子对早起充满期待。

有研究表明，小孩子在入睡以后，身体会分泌出大量的生长激素，生长激素可以促进骨骼的发育，对孩子的生长发育起到很大的促进作用。而生长激素的分泌一般是在深夜人体休息以后分泌。对于发育期的孩子来说，晚上 9~10 点是最佳的入睡时间，11 点之后，身体就开始分泌生长激素。

所以，在发育阶段的孩子太晚睡觉，不利于身高的发育，而且对于身体也有一定的负面影响。如果孩子睡得晚，睡眠质量差，势必会影响到生长激素的分泌，从而导致发育迟缓。

再者，睡眠时间不充足，或者睡眠质量差，还会影响孩子的大脑神经发育，导致智力发育迟缓，容易出现记忆力下降的情况，最终影响孩子的学习和生活。

既然睡眠时间和睡眠质量这么重要，那要如何培养孩子早睡早起的习惯呢？

● 指定动作营造仪式感，让孩子对早睡早起充满期待

中国人向来是很重视仪式感的，孩子们对于仪式感更是喜爱。

仪式感能够帮助我们提升生活质量、改善心情。

那么，仪式感到底是什么呢？百度百科是这样定义的："仪式感是人们表达内心情感最直接的方式，仪式感无处不在。"

法国童话故事《小王子》中有一段经典描述：

"小王子驯养狐狸后，第二天又去看它。狐狸对小王子说：'你最好每天都在相同的时间来。'

"小王子问：'为什么呢？'

"狐狸回答道：'比如，你下午四点来，那么从三点起，我就开始感觉到幸福。时间越临近，我就感到越幸福。我发现了幸福的价值……所以应当有一定的仪式感。'

"'仪式感是什么？'小王子问。

"'仪式感就是使某一天与其他日子不同，使某一个时刻与其他时刻不同。'狐狸说。"

所以，如果家里有早起拖拉或晚上不愿意睡觉的孩子，

家长不妨想一些小技巧，给孩子准备一个固定的起床仪式或睡前仪式，让孩子带着愉悦的心情甜甜入睡、快乐起床，帮助孩子养成早睡早起的习惯。

如果孩子每天都能在充满爱的环境中愉快地醒来，每天的早起时刻和睡前时刻都和其他时刻不一样，相信早起和入睡一定会成为孩子心目中最美好的期待。

落落是个贪睡的孩子，爸爸妈妈每天早上叫他起床都非常费劲，落落妈妈几乎想尽了一切办法：掀被子、揪耳朵、用沾了凉水的手摸他肚皮……但即使用尽办法，落落短暂醒过来之后，也会用被子把自己卷起来，严严实实地保护好自己，不让妈妈再"袭击"、打扰自己睡觉。

正当落落妈妈想要放弃的时候，她某天早上做了落落最爱吃的虾饺，鲜香的味道随着蒸腾的水蒸气飘到了屋子的每一个角落。落落闻着味道走到了厨房，问妈妈："好香啊，妈妈你做的是什么饭啊？"

破天荒地，落落不用人喊，就自己起床了。

从此以后，落落妈妈每天早上都做很多好吃的食物，用来吸引落落早起，为此甚至特意考了一个厨师证。

在妈妈的努力下，落落每天都伴随着食物的香气醒来，乖乖坐到餐桌前等待吃饭。时间长了，他已经养成了早起的习惯，即使妈妈偶尔没有做早餐，落落也会按时醒过来，充满期待地开始新的一天。

孩子起床需要动力，这个动力可以是美味的早餐，可以是一个早安吻、一束鲜花、一个拥抱或者一块小蛋糕，也可以是爸爸调皮地给孩子挠痒痒，还可以伴着欢快的音乐，在早安操中快乐起床……

闹钟铃声也可以换成孩子喜欢的音乐或者歌曲，甚至是早安故事，让孩子在爱中入睡，又在爱中醒来，带着美好的心情迎接美好的一天。

家长思考题

如果让你给孩子设计一个专门迎接他早起的动作，你会做些什么？

● 固定时间建立生物钟，习惯成自然

地球上所有生物都有一种叫作"生物钟"的生理机制，是从白天到夜晚的 24 小时循环节律，也就是一个光周期，与地球自转一圈的时间吻合。

作为万物之灵的人类，同样受到生命节律的支配。有研究显示，人体内也存在着一种决定睡眠和觉醒时间的生物钟。生物钟是受大脑下丘脑的视交叉上核控制的，它根据大脑的指令调节全身各个器官，以24小时为周期发挥作用。我们有昼夜节律的睡眠、清醒和饮食行为，都是生物钟在起作用。

生物钟有四个功能，分别是：提示时间、提示事件、维持状态和禁止功能。如果每到一定的时间都必定做某事，那么只要到了这个时刻，你自然而然就会想起要做这件事。

比如你每天都六点起床，到了这个时间，生物钟就会提醒你要醒过来，做"起床"这个动作，这就是生物钟的时间提示功能。我们生活中还有很多事务都是时间提示在起作用，比如到时间该上班下班，到时间会肚子饿、要吃东西，到时间要去赴约赶车，又或者是某个特殊的日子提示你该准备礼物庆祝等。

人体的生物钟是长时间形成的生理反应，是可以调整的。而我们要做的，就是利用生物钟，帮助孩子建立起一个健康的节律，养成早睡早起的习惯。

父母首先要做的，就是和孩子一起制定睡前惯例表和起床惯例表，规范孩子的生活作息，规定好每天什么时间该睡觉、什么时间该起床。而且要和孩子约定，惯例表一旦制定，没有特殊情况不能改动。

当然，孩子良好的睡眠习惯不会自动养成，它需要大人的陪伴、协助和鼓励。所以父母要以身作则，起到榜样示范作用。如果家里大人都有早睡早起的习惯，受大人的影响，孩子也会比较容易养成早睡早起的习惯。在培养早睡早起习惯的时候，孩子不会一直都很配合。有的时候明明到了该睡觉的时间，孩子还不想睡觉，或者到了该起床的时候，孩子又不想起来。这就需要父母花点儿心思，给孩子在惯例表上增加一些仪式感，让孩子在期待中愉快睡去、开心醒来。

饮食也会影响孩子的睡眠。如果晚餐吃得太饱，或摄入热量过高的食物，孩子都有可能因为不能及时消化，造成肠胃不适而导致不能入睡或睡不安稳。晚上入睡时间晚了，早上起来的时间肯定也会受到影响。

有的家长可能会心疼孩子平时都要早起上学，而让孩子在周末或节假日多睡一会儿。其实周末睡懒觉并不是一件好事，特别是对于还在形成早起生物钟阶段的孩子来说，更是有害无利的事情。因为周末早上多睡一会儿，会让睡眠时间延迟，使人体生物钟紊乱，周末晚上就会难以入睡，周一就昏昏沉沉起不来了，而这种紊乱状态又需要数日的调整才能恢复。

所以，一旦开始，就要坚持，通过刻意训练，让习惯成自然。到时候，无须家长啰唆催促，孩子自己的生物钟自然就会把孩子"唤醒"。

> **家长思考题**
>
> 生物钟养成是一个漫长的过程,你作为过来人,设想一些这个过程中可能会遇到的困难。

● 和善而坚定地拒绝,让孩子知道家长的底线

要想让孩子养成良好的生活习惯,只制造仪式感和调整生物钟是远远不够的,还需要一些技巧、一些方法和一些工具的帮助,比如"日常惯例表"就是一个非常好用的工具。

与其每天晚上花两个小时来让孩子上床睡觉,又或者每天早上用唠叨、哄劝、提醒和喊叫来让孩子准备好出门,不如把权力交给孩子,让孩子自己决定什么时候该做什么事情,自己对自己的行为负责任。这就需要家长和孩子一起,引导孩子给自己制定日常惯例表,然后去尝试、去执行。

比如晚上睡前惯例表,我们先和孩子一起进行头脑风暴,列出他们晚上睡前应完成事项的清单。这个清单可能包括收玩具、洗澡、刷牙、为第二天早上选好衣服、听晚间故事、拥抱亲吻等。让孩子把这些内容按照完成的先后顺序抄到一张表上,并标上最后完成时间(如果孩子不会写字,可

生活习惯训练：良好的生活习惯让孩子学习精力有保障

以用画画代替，或者请家长帮忙）。当然，如果孩子在做这些事情的时候，家长能够帮他们拍照记录下来，然后贴在对应的项目后面，孩子可能会更加喜欢，完成起来也更有动力。

日常惯例表不是制定出来就万事大吉，马上就能让孩子变成他们期望的样子。在实施日常惯例表的过程中，有的孩子可能很快进入角色，顺利按照惯例表上的约定执行，有的孩子可能会出现各种各样的不良行为，对父母发起挑战，这时候就需要父母用"和善而坚定"的态度来跟进和帮助。

比如上面提到的睡前惯例表，可能某天孩子按约定听完一个晚间故事还意犹未尽，想要再听一个，而时间已经超过应该入睡的时间，这时很多父母很可能会陷入两难的境地。

究竟是强硬地拒绝孩子，还是满足孩子的愿望，让他再听一个？

此时，我们需要用"和善而坚定"的态度来面对孩子的挑战。和善地理解孩子会有"想要多听一个故事"的需求，然后坚定地提醒孩子："我们日常惯例表上的约定是什么？""我们日常惯例表上的下一项是什么？"如果孩子继续闹情绪，我们只需继续"和善而坚定"地重复上面的提醒，然后坚定地去做我们本该去做的事情。

一般情况下，孩子纠缠几次以后，就会发现父母的底线，要么想办法面对现实，按惯例表执行，要么换个方式继续挑战。即使哭闹、胡搅蛮缠，或者真的不睡，也只是暂时性的事件。孩子是希望通过这些挑战行为来了解父母的底线到底在哪儿，如果我们轻易妥协退让，或者轻易被激怒，孩子就会理解为"只要我闹，父母就会妥协"，或者"只有父母生气的时候，我才需要按约定执行"。

所以，不管孩子发出什么挑战，父母都要用"和善而坚定"的态度去面对，既要尊重孩子，也要尊重约定，同时还要尊重自己。理解孩子的需求，不代表认同孩子的行为。孩子会慢慢从一次又一次的挑战中得出结论：父母的底线就是惯例表的约定，再多的挑战也无济于事。

确立好的日常惯例表，有助于培养孩子的界限感和价值感。当孩子按照自己制定的惯例表执行的时候，就有机会学习专注于真正的需求：做需要做的事情，因为那是需要做的。孩子就能学会为自己的行为负责，会感觉到自信，从而发展出与人合作和自我管理的能力。

家长思考题

哪些句子可以表现出家长"和善而坚定"的拒绝？

生活习惯训练：良好的生活习惯让孩子学习精力有保障

2 记录时间账单，提升时间使用率

我们总以为一生很长，长到过了一天还有一天，过了一年还有一年，所以越来越多人抱着"明日复明日"的心态敷衍度日。

有人算过一笔账：按照当前人均寿命78岁计算，我们每个人一生中大概要花28.3年的时间在睡觉上，约占总寿命的1/3；按每天工作8小时计算，花在工作上的时间是10.5年；消磨在电视和社交媒体上的时间平均约为9年（这一数据可能会逐年上升）；做家务花掉6年；吃吃喝喝花掉4年；购物和化妆打扮再花掉2.5年……

算到最后，看似漫长的一生，真正属于自己的时间可能只剩下短短的9年。如此一看，人生实在是太短暂了！

时间是最公平的，它给每个人的一天都是24小时。有的人合理安排，充分利用这宝贵的24小时，同时也有的人连两小时都用不好，白白虚度光阴。如果你不懂珍惜，把时间浪费在一些无谓的事情上，时间也绝对不会因为你的后悔和懊恼而停下前行的脚步。

所以，我们要如何珍惜时间、合理利用时间，把有限的时间用在有意义的事情上呢？

就从记录时间开始，学会规划时间，从而更好地管理时间。

● 记录一天时间流水账，直观感受时间流逝

"时间就是金钱，效率就是生命。"这句充满时代感的口号，是中国人对改革开放最深刻的记忆。这句话诞生在深圳蛇口，说出这句话的人是被称为"蛇口之父"的袁庚。

如果我们的银行账户每天都会增加 86 400 元，这笔钱必须要在 24 小时内花完，如果花不完，就会在当天 24 点清零，相信大家都会想尽办法好好利用这笔钱，绝不希望把它白白浪费，对吧？

如果我们把这笔钱兑换成时间，每个人每天都拥有 24 小时，也就是 86 400 秒，它会在每天的 0 点自动存进我们的生命账户。实际上，时间远比金钱来得更加珍贵，不管你是否用尽，这 86 400 秒都无法储存，每天 24 点自动清零。

我们每天都是如何利用这 86 400 秒的，你统计过吗？如果没有，那就从现在开始，和孩子一起，记录下我们自己每天的时间流水账，看看每天的每分每秒，我们都做了什么。

生活习惯训练：良好的生活习惯让孩子学习精力有保障

记录我的一天

时间	做了什么事
0：00—1：00	
1：00—2：00	
2：00—3：00	
3：00—4：00	
4：00—5：00	
5：00—6：00	
6：00—7：00	
7：00—8：00	
8：00—9：00	
9：00—10：00	
10：00—11：00	
11：00—12：00	
12：00—13：00	
13：00—14：00	
14：00—15：00	
15：00—16：00	
16：00—17：00	

续表

时间	做了什么事
17:00—18:00	
18:00—19:00	
19:00—20:00	
20:00—21:00	
21:00—22:00	
22:00—23:00	
23:00—0:00	

不管我们是否愿意，时间都会像个小偷一样，悄悄地偷走人们的生命；不管我们是否有意识，时间总会在不知不觉间被浪费掉。所以，我们可以通过记录自己的一天，让孩子更加直观地感知到，我们每天是如何利用时间、时间又是如何在不知不觉中偷偷溜走的。

首先，做一个一天的时间记录表，然后分成上午、下午和晚上三个时间段。因为上学日的大部分时间都要按照学校的课程表来安排，剩余时间不多，所以可以分成中午、傍晚和晚上三个时间段来进行记录。

以周末和节假日为例，第一周做"无差别记录"，也就

生活习惯训练：良好的生活习惯让孩子学习精力有保障

是按照孩子原有的习惯，不进行任何调整和更改，做了什么就记录什么，中途尽量避免提醒和干预，以免对记录造成人为的干扰，影响后期的分析和结论。

比如孩子在周六的早上睡了个大大的懒觉，九点多甚至十点才起床；然后在床上磨磨蹭蹭，赖床、看书等，花掉近一个小时；然后慢吞吞去刷牙洗漱，又花去二十分钟；然后边吃早餐边发呆，又花掉将近四十分钟……

如实的记录才能够反映出最真实的状况，才能让孩子从详尽的记录中找到蛛丝马迹，从而发现自己的时间都花到什么地方去了。

在整个记录过程中，父母和善而坚定的态度和适时的引导就显得尤为重要了。父母要和善地允许孩子犯错，冷静地看待孩子因为拖拉磨蹭、浪费时间而导致的各种各样的情况，避免指责说教，不要急于指责批评甚至落井下石，更不要因为担心而包办、解救。让一切该发生的自然发生，允许孩子在错误中学习，在体验中收获经验，在尝试中习得相应的技能。

一周以后，心平气和地和孩子一起整理这一周的每日记录表，回顾整周的生活和学习，引导孩子思考，让孩子自己发现其中的规律，懂得珍惜时间，然后引导孩子根据过去一周的情况进行调整，制订下一周的计划，再进行新的一周的尝试和记录。

> **家长思考题**
>
> 1. 孩子在哪件事上浪费的时间最多？找出并记录下来。
> 2. 在一天的时间流水账中，有哪些时间是可以节约的？

● 分析"时间流水"，抓捕"时间大盗"，找出"时间大师"

如果让孩子自主安排时间，我们就会发现有的孩子很快就能找到自己要做的事，然后迅速专注于完成该做的事情；而有的孩子会发一会儿呆，然后东摸一下、西摸一下，搞搞小动作，时间一分一秒过去了，还是不知道应该干什么。这时候如果有大人提醒一下，他们就会动一下，写几个字，然后继续磨磨蹭蹭、拖拖拉拉。这两类学生的时间管理能力高下立判，学习效果肯定也会截然不同。

记录孩子每天的时间流水账，就是为了通过一段时间的观察（通常需要一周，最多不超过三周），分析孩子的行为习惯，总结规律，从中揪出"时间大盗"，也就是浪费时间的因素，发现"时间大师"，也就是精力旺盛的时间段，从而有的放矢地引导孩子根据自身情况制订合理的计划，大大提升学习效率。

通过大概三周的记录和分析，相信不用父母说教，大部分孩子都会像刚开始做日常开支记录的"月光族"发现钱包总在不经意间被掏空一样，发现时间就在他们不经意的发呆、磨蹭、拖拉和"看一会儿电视""溜达一下""再睡一会儿""等一下再做"中偷偷地溜走了。这都是可恶的"时间大盗"的杰作，而这些后果都需要自己独自承受。

同时，孩子们也会通过记录，意识到他们看的每一本书、做的每一道算术题、摘录的每一句好词好句、写下的每一篇日记慢慢都会成为自己能力的一部分，支持自己不断奔跑在成功的道路上。

在陪伴孩子分析他们的每日时间流水时，父母要注意及时帮助和引导孩子对每天的不同时间段进行精力分析。找出是否有那么一个或几个时间段，孩子更习惯或更乐意于进行自主学习，并且学习效率相对较高，那这些时间段很可能就是孩子每天精力最旺盛的时间了。前面我们也提到，根据精力周期安排学习，能有事半功倍的效果，所以在后续做学习计划安排的时候，一定要善于利用精力旺盛的时间段，做自己的"时间大师"。

> **家长思考题**
>
> 如何引导孩子在发现自己浪费时间后,有意识地减少这些浪费呢?

3 提示，渴求，反应，奖赏：四步养成好习惯

美国著名习惯研究专家、习惯学院创始人詹姆斯·克利尔在他的著作《掌控习惯》一书中，提到了习惯的形成需要四步：提示→渴求→反应→奖赏。

这四个步骤是环环相扣的，提示触发渴求，渴求激发反应，反应提供满足渴求的奖赏，并与提示相关联。四个步骤组成了一个完整的神经反馈回路闭环，最终形成自然而然的习惯，并由此构成完整的习惯循环。

同时，詹姆斯·克利尔根据习惯形成的四个步骤，总结了相应的培养习惯的四大定律：让它显而易见，让它有吸引力，让它简便易行，让它令人愉悦。

根据以上四大定律和四个步骤，我们如何引导孩子养成好习惯？

● 让它显而易见——让提醒你去做某件事的提示变得明显

（1）计划表结合习惯积分，记录当前习惯成就，形成正向提示。

前面我们介绍过计划表和惯例表等工具和方法，我们可以在运用这些工具和方法时，把计划表和惯例表放在孩子最容易看到的地方，形成第一次提示；然后结合小红花、小星星等积分方式，记录每次的完成情况，比如每完成计划表上的某一项计划，根据难易程度或者时间长短，可以积攒一定的积分。

这个积攒积分的行为，主要目的并不是奖励孩子，而是让孩子通过积分对比，注意到自己的行为，更加直观地看到自己的改变，以便更好地了解自己的行为结果，起到第二次提示，而且是正向提示的作用。

（2）通过大声告诉自己"我将要花……时间用……方式做……事情"来明确和强化行为。

比如孩子在计划表上的下一项任务是完成计算题作业。在估算好所需要的时间以后，先给自己定一个闹钟，摒除一

生活习惯训练：良好的生活习惯让孩子学习精力有保障

切杂念，做好一切准备以后，深吸一口气，大声对自己说："接下来，我要在 15 分钟内，列竖式完成 30 道计算题。"

这样做，既明确了目标，又具体化了路径和方式，防止因为没有具体目标和方向而将时间浪费在发呆和无所事事上，同时也是对自己做一个心理暗示，强化接下来的行为和动作。

（3）利用条件反射，进行习惯叠加。

要知道，任何行为都不是孤立的，很多习惯会受到其他习惯的影响，或者某些习惯可以激发另一个习惯的产生。比如有的孩子听到某首特定音乐就会想要睡觉，有的孩子睡前必须听一个故事，而我们家的孩子在和妈妈说完悄悄话后就会心满意足地睡去。

利用条件反射，在已有的习惯上叠加一个新的习惯，是建立新习惯最快速的方式之一。

比如，我家孩子从小就喜欢在床上蹦蹦跳跳，每天放学后，第一时间就会跑回房间跳个不停。我们就和他做了个约定，每天回家先尽情弹跳 10 分钟后，就要开始做作业。

通过一段时间的训练和提醒，大脑形成条件反射，每次跳完，头脑中就会有声音自动提醒他："接下来是作业时间咯！"

> **家长思考题**
>
> 家长如何引导孩子设置提醒?

• 让它有吸引力——把即将要发生的事情变得更加有趣,激发内心的渴求

有的孩子不愿去做某件事情,除了自身不具有完成这件事情的能力以外,很可能就是因为孩子没有想要去完成它的欲望,甚至是不想或害怕去做。那么,我们可以通过一些技巧和方法,让这件事情变得有趣一些、有意义一些,激发孩子完成的动力,促使孩子带着期待,愉悦地完成。

(1)利用喜好绑定,用孩子喜欢的一个行为,激发孩子完成另一个行为。

有的人觉得跑步是一个非常枯燥乏味的行为,但非常喜欢听音乐,那么在跑步的同时伴随悦耳动听的音乐,跑步也会变得有意思多了。

同样的,如果你的孩子有什么特殊的喜好,只要不涉及原则性问题,或者不会对学习造成非常明显的影响,可以尝试让孩子在他喜欢的环境中学习,学习也会变得快乐很多。

比如我们家孩子就不喜欢在自己的房间做作业,他更愿意在饭厅的饭桌上,边看妈妈做饭,边闻着美味的饭菜香味完成作业。他还说:"每当我闻到饭菜的香味的时候,我就提醒自己,早点儿完成作业,就可以早点儿吃到美味的饭菜啦。"

有的孩子可能喜欢听着音乐做作业,有的孩子喜欢吃一口点心做一道题目。有的家长可能会觉得,这样孩子会分心,影响专注力。其实不然,毕竟每个孩子的情况都不一样,让孩子在愉悦的心情中完成作业,效率也会变得更高。当然,家长要通过观察,判断哪些行为会对孩子造成不良影响,从而进行引导。

(2)积极鼓励,用成功的体验吸引孩子坚持。

每个人都渴望成功,而很多时候孩子不知道为什么要学习,是因为从未真正从学习中体验过成功的快乐。鼓励是教育孩子最重要的部分。孩子需要鼓励,就像植物需要水。被看见、被鼓励,最能够让孩子从每一个小小的进步中体会到成功的快感,获得成就感和价值感。

鼓励要鼓励到点上,不是鼓励孩子的成绩,而是要鼓励孩子的努力;不要关注结果,而要关注过程;不是成功了才要鼓励,失败了更需要鼓励。所以,不管孩子做得怎么样,不管孩子取得什么样的成绩,关注孩子在过程中付出的每一次努力，关注孩子每一个小小的进步，关注孩子的长处而不是短处，积极鼓励，正向引导孩子把注意力放在他的进步上，让孩子敢于尝试并愿意学习，鼓励孩子通过不断的努力，一步一步迈向成功。

> **家长思考题**
>
> 兴趣和鼓励是激励孩子前进最好的动力，除此之外，还有什么能激励孩子自主学习呢？

- **让它简便易行——化繁为简，为好习惯创设良好环境**

其实所有人都有畏难情绪，谁都希望做任何事情都能够顺利圆满。而谁能够最快克服畏难情绪，谁就有可能最先获得成功。如果培养好习惯的步骤太多、太复杂，孩子的畏难情绪就会增加。如果我们帮助孩子把大目标拆分成若干个小目标，把复杂的步骤分解成简单的步骤，每次完成一小步，难度降低了，步骤简化了，孩子就不会再因为畏难而担心、害怕、逃避或放弃了。

比如想要培养孩子每天阅读的习惯,若一开始就给孩子制订每天看书两个小时的目标,从前不喜欢看书的孩子,突然发现自己每天要花这么多时间在看书上,必定会被吓坏,找各种理由逃避,又如何能够顺利养成阅读的习惯呢?更别提爱上阅读了。

当养成习惯的难度越低,养成习惯的可能性就越大。换种方式,从挑选孩子喜欢的书籍类型开始,每天看书15分钟,孩子是不是会感觉容易很多?

当孩子逐渐适应,并开始对阅读有感觉以后,再逐步增加阅读的时间,阅读习惯就能慢慢培养起来了。

另外,养成好习惯,还需要有好的环境。

如果我们希望孩子养成阅读的习惯,家里却没有人喜欢阅读,甚至有的家长一边要求孩子不要玩手机、要多看书,一边自己却抱着手机天天刷视频、玩游戏,这样的环境对于孩子养成好的阅读习惯是非常不利的。

你想让孩子成为什么样的人,你首先就要成为那样的人,这就是榜样的作用。所以,如果我们希望孩子养成每天阅读的好习惯,就要从自己做起,拿起书本,和孩子一起看书,一起讨论分享读书心得。在人人都读书的环境中,孩子自然而然就会爱上读书。

> **家长思考题**
>
> 结合你的经历,尝试将一件困难的事情分解成数个简单且能坚持下去的事情。

● 让它令人愉悦——目标奖励、习惯追踪,让养成习惯的过程变得清晰且愉悦

每当要养成一个好习惯,先给自己定一个小目标;每完成一个小目标,立刻给自己一个小奖励,这就是对自己行为的正向强化。我们制订瘦身计划、养成锻炼习惯的时候,每达到一个目标,就奖励自己吃一顿美味的晚餐,或者奖励自己一条想要很久的裙子,就是这样的道理。

同样,如果孩子正在养成自觉管理屏幕时间的习惯,当孩子能够自觉坚持一段时间,比如一周内都不需要大人提醒,自觉按约定做好自我约束和管理,就奖励孩子一个小愿望,比如去郊游或者爬山一次等,既是对孩子表现的肯定,同时也是对孩子行为的鼓励和强化。

为了避免中断或中途放弃,在养成好习惯的过程中,不仅要给孩子制订习惯养成计划,还要做好习惯养成记录,让

生活习惯训练：良好的生活习惯让孩子学习精力有保障

孩子直观感受坚持的力量和成就感。

习惯养成记录就是对习惯养成计划进行追踪，每完成一项，就在对应的清单上打个钩，做个记录，然后引导孩子对每项任务写好笔记，每周进行总结反思——建立好习惯的过程中，哪些做得好，哪些做得不好，障碍在哪里，下次该怎样改进。反思对培养好习惯极为重要，如果只是稀里糊涂地做，孩子不可能做得很好。

当然，在整个过程中，父母的陪伴和鼓励是少不了的。父母不仅要允许孩子犯错，并且要给孩子的探索和学习留出特定的时间，还要有一双善于发现美的眼睛，及时看到孩子的进步和做得好的地方，适当进行鼓励，也是激发孩子上进、让孩子乐于坚持好习惯的强劲动力。

培养孩子的好习惯是一个漫长的过程，因为在孩子的成长过程中，我们需要让孩子培养很多的技能，养成各种各样的良好习惯。而这些好习惯的养成，很多都需要通过具体而明确的训练，才能让孩子掌握相应的技能和能力。这些都不可能通过一次两次的学习或训练就能够学会或掌握，所以花时间训练孩子的技能，就成了每个家庭和每个孩子成长过程中必不可少的常规内容。

家长思考题

1. 孩子的好习惯不是一朝一夕能养成的,如果中间孩子放弃,家长该如何引导?

2. 孩子在成长过程中需要养成哪些好习惯,以促进学习效率的提升?

可以和孩子一起玩的时间管理小游戏

人生短短数十年,最宝贵也最公平的财产就是时间了。时间不会受制于任何人或任何团体,不会为谁停下流逝的脚步;时间无法储存,更无法买卖或转借;时间也不会因为人的身份地位不同而"偏心"。在这个世界上,不管你多么伟大、多么富有、多么有权势,都无法控制或改变时间,所以时间才显得更加珍贵。

生命的品质在于如何利用和管理时间。越是成功的人,往往越懂得充分利用时间,给时间做最有效的分配,按照事情的轻重缓急来安排时间,提高工作效率,让时间的价值倍增。

父母之爱子,则为之计深远。自从升级为妈妈以后,我就不仅仅关注个人时间管理,也开始把目光投到孩子的时间管理问题上。可能有的家长会认为孩子还小,现在还在读幼儿园,甚至连幼儿园都没上,早早就教孩子时间管理,会束缚孩子的天性。可是,好的习惯不是一天两天就能养成的,如果我们能够在孩子年幼的时候就开始有意识地渗透,让孩子在游戏中、在日常生活中,一点一滴、不知不觉地把好习惯培养出来,就无须等到孩子上学后,起床拖拉、出门磨蹭、做作业分神的时候,再来临时抱佛脚了。

下面给大家分享几个可以和孩子一起玩的时间管理游戏,寓教于乐,一边玩一边学会珍惜时间,顺便也能建立时间概念,把时间管理能力培养好。

1. 挑战 10 秒 /15 秒 /30 秒

很多餐厅会在门口设置一些游戏,增加和顾客之间的互动,同时也可以让顾客在等位的时候消磨时间。其中一个游戏就是"挑战时间",挑战 10 秒、15 秒、30 秒或 1 分钟的都有。

这种"挑战时间"的游戏十分简单,我们在家也可以和孩子一起玩,提升孩子对时间的感知,培养孩子的时间观念。

玩法也特别简单,只要有计时工具(无声的)就能玩,厨房计时器、秒表、手机计时器等都可以。为了避免孩子对电子产品的依赖,个人还是建议使用计时器和秒表最好。

首先,把计时器归零,挑战者看着(或不看也可以,不看的难度更高)计时器,按下开始键,计时器开始跳动,当挑战者感觉规定时间快到时,按下停止键,最接近规定时间者胜出。

"挑战时间"游戏还有另外一种玩法,就是让孩子闭上眼睛站起来,我们喊"开始",同时按下计时器,当孩子感觉规定的时间到了(比如 30 秒),马上坐下来。孩子坐下的同时,家长停止计时,看看孩子估计的 30 秒和真正的 30 秒相差多少。然后可以和孩子交换，让孩子计时，家长来挑战。

因为 30 秒在每个人心目中的长度不一样，所以每个人坐下来的时间都会不一样。

这个"挑战时间"游戏既简单又刺激，很小的孩子也能参与。游戏还告诉我们，每个人对于时间的感知和真正的时间是不一致的，我们心目中觉得的 30 秒，不一定就是真正的 30 秒。我们在制订计划的时候，总以为半个小时就能完成的事情，往往一个小时甚至好几个小时都无法完成。这就要求我们在日常生活中，注意培养孩子的时间感知能力和时间控制能力，从而提升学习效率和工作效率。

2. 乌龟还是兔子

乌龟和兔子比赛跑步，更快到达终点就是胜利。兔子花一个小时就跑到终点，然后干别的事情去了，乌龟却花了一整天的时间，才慢悠悠地爬到终点。

你要做那只乌龟，还是兔子呢？

毫无疑问，不管是家长还是孩子，都会想要做那只兔子。因为它的效率高，可以节约出大把的时间。

我们也可以在日常生活中和孩子玩"乌龟还是兔子"的游戏。

第一种玩法： 设定完成时间，提前完成的是兔子，延迟完成的是乌龟。

当孩子要完成某个任务的时候,可以让孩子先估算完成任务大概需要的时间,然后设定闹钟,看看是否能按时完成。如果在预定时间内或提前完成,那孩子就是一只兔子,快乐的兔子不仅可以自由支配剩余时间,还能获得额外的游戏时间;如果没有在预定时间内完成,孩子就是一只乌龟,除了需要额外花费时间继续完成任务以外,还要像乌龟一样完成爬行任务,顺便锻炼身体,一举两得。

在没有学习任务的时候,父母也可以在日常生活中加入"乌龟还是兔子"的游戏,或者把游戏结合到日常惯例表中,看看孩子每天能够积攒多少只兔子或乌龟。

第二种玩法: 不设定完成时间,父母和孩子比赛谁最快完成任务。

在玩"乌龟还是兔子"游戏的时候,如果父母和孩子一起玩,就能够大大提升孩子的积极性。早上起床的时候,爸爸妈妈就可以和孩子玩玩这个游戏,看看谁是兔子、谁是乌龟。锻炼的时候,也可以和孩子一起设定目标,比如跳绳(孩子完成 300 下,爸爸完成 600 下),看看谁是兔子、谁是乌龟。

孩子天生喜欢赢,每个孩子都喜欢比赛,家长要善于利用孩子的这个心理,多和孩子比一比,激发孩子的好胜心,寓教于乐,让孩子快乐地边玩边完成任务。

3. 你快还是我快——寻宝越野赛

同样是利用孩子的好胜心理，单个任务的时候可以玩"乌龟还是兔子"的游戏，多个任务结合起来，则可以玩"寻宝越野赛"。

最简单的玩法就是和孩子一起列出当天的任务清单，分别估算每个任务需要的完成时间，然后计算完成所有任务所需的总时间，和孩子比一比谁先完成所有任务，或者谁在规定时间内完成的任务多。

升级版的玩法就是把游戏设计成"寻宝越野赛"，同样是先列出当天的任务清单，然后把每个任务分别写在不同的卡片上，随机在卡片上写上 1~6 的数字表示完成顺序，最后交换任务卡片，互相把对方的任务卡片藏到家里的不同地方。在完成任务的过程中，按照定向越野的规则，每个人要按顺序找到自己的任务卡片，并按照卡片上的序号先后完成所有任务，先完成的人获得胜利。

好玩又刺激的"寻宝越野赛"结合了"寻宝"和"定向越野"的规则，完成任务的过程既能培养孩子的观察力和执行力，又能培养孩子的竞争力和抗挫折能力。

4. 超级一分钟

不用计时工具，你知道一分钟有多久吗？你知道刷牙洗脸要花几分钟吗？洗澡呢？玩一会儿是多久？看 50 页故事书又需要多长时间？做 20 道 20 以内的加减法需要多久？

我家孩子上幼儿园的时候经常会跟我说："妈妈，我想玩一会儿乐高。"当我问他"一会儿是多久"时，他通常都会说"15 分钟"。结果一玩起来就忘了时间，等到回过神来，已经过去一个小时，甚至大半天。

等到上了小学，我经常会考他："你觉得你写完这些计算题（通常是 10~15 道口算）大概需要多长时间？"他掰着手指头算："我每道题不用 10 秒，全部做完，三分钟就够了，最多不超过五分钟。"可是真正做起来的时候，不是做到一半卡壳，算不出来，就是被身边的什么东西吸引，思绪不知道神游到哪片天空。

在一个周末，当时读二年级的孩子又一次因为对时间把控不准，没有按时完成看图写话，错过了和好朋友去郊游的机会而懊恼不已。他站在门口望着好朋友们远去的背影，叹了口气，问我："妈妈，一分钟到底有多久？"我想了想，说："秒针走一下，'嘀嗒'就是一秒。"我一边比画，一边跟他说："就这样数 60 次，'嘀嗒'60 下，就是 60 秒，也就是一分钟。"

他好奇地抬起头来，又问："妈妈，我一分钟能做什么？"

我想了想，说："运动员一分钟大概能跑 400 米，普通人大概能跑 300 米；我一分钟能读 600 字的文章，能收拾好桌面。但是你一分钟能做什么，我还真不知道。不过我们可以等你完成作业后来试试看！"

他一听，兴趣马上就被调动起来了，不用半个小时，洋洋洒洒写了 200 多字，小作文一下子就完成了。可是要做什么呢？我们又犯愁了。

我突然发现桌面上放着他每天都要做的口算题，灵机一动："不如我们来比赛一分钟口算吧。"

于是我们准备了两份完全一样的二年级口算题，计时一分钟，结果他完成了 19 道题，而我只完成了 17 道题，我做的还没有他多。他兴奋地跳起来，拍着手说："太棒了，我赢了妈妈！原来一分钟可以做这么多道题，以前我都不知道我这么厉害！"

接下来，他又向爸爸发起了一分钟不眨眼挑战、一分钟平板支撑挑战、一分钟背古诗挑战……有的时候是爸爸赢，有的时候是他赢。

后来，我们趁着他来了兴致，和他做了很多一分钟的尝试，有一分钟写字（同时写一样的字，一笔一画地写，不能连笔）、一分钟阅读、一分钟跳绳、一分钟游泳……

就这样玩了一两个星期，我突然发现他写作业的速度提升了不少，特别是磨蹭的次数越来越少了，还会用计时器给自己设置好每项作业完成的时间，时间到了没完成就休息一会儿，休息的时间也设定好，计时器响了就继续写作业。

现在，我们也经常会玩一分钟挑战，通过这些挑战，孩子越来越有时间观念，也越来越自觉地管理自己的时间了。我们还给这些游戏统一起了个名字，叫作"超级一分钟"。

据《中国日报》报道，消防队发出警报声，到消防员全部整装出发，要在一分钟内完成；抖音上有一个吉尼斯纪录挑战，孩子们一分钟能和吉祥物击掌194次。你们在一分钟内能做些什么呢？和孩子一起挑战"超级一分钟"吧。

5. 一起猜时间

要想培养孩子的时间观念，父母还可以和孩子玩"一起猜时间"的游戏。

比如周末的早上，和孩子一起睡了一个长长的懒觉，起来以后，我们可以问问孩子："宝贝，你猜现在是什么时间？我们一起猜一猜，看看谁猜的时间最接近。"

或者和孩子一起去爬山，在开始登山前记录下时间，登上山顶以后，和孩子一起猜一猜"现在是几点"，看谁猜得最接近，然后计算一下登山共花了多少时间。

还可以和孩子在玩游戏前，把计时器打开，然后尽情玩耍，待到游戏结束，和孩子一起猜猜"我们玩游戏花了多少时间"。

甚至可以在无聊的时候，给孩子两个选择："11点半和12点，你觉得现在是几点？"

我们可以通过"一起猜时间"这样的训练，教会孩子通过身边事物判断时间的能力，还可以大大提升孩子对于时间的感知能力。当孩子对时间的感知力得到提升，对于提升时间的管理能力也是很有帮助的。

6. 时间条

很多孩子从很小的时候开始，就特别喜欢撕纸片玩儿。现在，我们就邀请孩子们一起来玩一个撕纸游戏吧。

首先，准备一张 A4 纸，从上面裁出 1 厘米宽、24 厘米长的一张小纸条，我们把这张小纸条叫作"时间条"。然后把这张小纸条平均分成 24 个大小完全一样的格子，每一格就代表一个小时，全部 24 格就代表一天。

然后和孩子一起进行头脑风暴：我们每天都是如何度过的？首先，如果我们的睡觉时间是从晚上 9 点到早上 7 点，那睡觉就花了 10 个小时。所以，我们就要在时间条上撕掉 10 个小格子，建议从后往前撕，也就是从 24 撕到 14，现在只剩下 14 个格子了。然后是在学校学习的时间，早上 8 点到 11 点半，下午 2 点到 4 点半，总共 6 个小时，于是要撕掉后面的 6 个小格子，从 14 撕到 8，剩下 8 个小格子。接下来是每天花在上学和放学路上的时间，大概是 1 个小时，再撕掉 1 个小格子，剩下 7 个格子。然后是吃饭时间，早餐、午餐、晚餐，三餐时间加起来，正常来说要花掉一个半小时，慢一点儿的孩子可能要 2 个小时，于是 2 个格子又没有了，剩下

5个格子。做作业要花去1个小时到2个小时不等，就算一个半小时吧，再加上预习和复习的时间，大概半个小时，一共2个小时，到这里就只剩下3个格子了。还有每天早晚刷牙洗脸、上洗手间和洗澡的时间，加起来1个小时总是要的吧？于是就剩2个格子。最后是每天玩耍、运动和阅读的时间，1个小时够不够？最后的最后还要思考一下，每天出门前拖拉磨蹭、睡不着数羊的时间，还有闲聊发呆的时间等，是不是还有一些没办法计算的时间？记得把这些时间也要考虑在内，也要撕掉。

现在，看一看我们手上的时间条还剩下多少格子，也就是还剩多少时间可以自由支配。我们准备怎么利用这些剩余的时间呢？要记住，撕掉的时间是回不去的。

通过这个游戏，有的孩子剩下3个小时，有的孩子剩下1个小时，有的孩子甚至发现时间不够用。所以，我们应该怎么利用一天的时间呢？

这个游戏能够引发孩子思考：为什么有的人剩下的时间多，有的人剩下的时间少？应该怎么做才能高效地利用时间，让时间发挥更大的效率呢？

7. 时间比萨饼

"时间比萨饼"，又叫一天时间图。先画一个圆，然后像分比萨一样，把圆平均分成24份，每一份就是一个小时，对应一天的24小时，最后再把数字1~24分别标在圆的外圈上，"时间比萨饼"的雏形就准备好了。

接下来，和孩子一起按照每天的作息时间，把"比萨饼"切开。比如每天的晚上9:00—早上7:00是睡眠时间，就把21和7两个点分别连接到圆心，这样，21到7这块"比萨"就切好了，然后让孩子在这块"比萨饼"上自主作画或者涂上喜欢的颜色。

按照同样的方式，和孩子一起进行头脑风暴，看每天的时间都是如何分配的，包括游戏时间、户外活动时间、上课时间、阅读时间等。把一天24小时都分配好，孩子们只要看到"时间披萨饼"，就能对"一天24小时"有更加直观的了解。家长只要每天在对应的时间，适当地提醒孩子去看一看"比萨饼"，引导孩子按照上面的安排来执行就可以了。

家长们要注意，在制作"比萨饼"的时候，避免"一言堂"，因为我们不是在给孩子安排时间表，而是带着孩子一起来制作他们的"时间比萨饼"，这时候孩子参与越多，对后面的执行就越有利。在给每一块"比萨饼"画图的时候，一定要让孩子按照自己的喜好来表达，我们只要从旁指导就好。

在刚开始提醒孩子执行"时间比萨饼"的时候，家长也要做好陪伴，一定要少唠叨、多鼓励。刚开始的时候，我们可以陪着孩子一起来到"时间比萨饼"的旁边，告诉孩子现在是什么时间（大一点儿的孩子可以让他们自己看时钟），然后问问孩子:"'比萨饼'上告诉我们,现在是做什么事的时候了?"确认孩子清楚了解以后,鼓励孩子自己去执行:"妈妈相信你可以的。"然后微笑看着孩子,直到确认他开始行动。

经过一段时间的陪伴和训练后,孩子慢慢地已经能够在我们的提醒下(有时候甚至无须我们提醒),按照"时间比萨饼"来执行了。我们要多肯定、多表扬,让孩子从中感受到我们的关注和鼓励。

当孩子能够很自觉并熟练地执行"时间比萨饼"时,就是家长们可以放心地放手的时候了。

还有更多更好玩的时间管理游戏,比如舒尔特表、闪读训练、点选数字等,这些练习对训练集中注意力、提升学习效率都有非常好的帮助,大家可以去练习一下。同时,对阅读能力、记忆力、观察力、思维力等也有很好的帮助。

其实游戏并不是最重要的,重要的是家长在玩游戏过程中的引导和鼓励。我们需要花更多的时间、更加耐心地陪伴和坚持,孩子慢慢就会有时间意识。只要孩子能够每天进步一点点,就已经是一件非常了不起的事了。所以,家长首先要坚持下来,通过刻意训练,陪伴孩子慢慢成长,当这些小小的进步积累起来,就是大大的进步了。

如果大家还有更好的时间管理游戏,欢迎一起来分享。希望我们都找到更多更好的方法,让孩子在游戏中认识时间、感知时间,从而更加珍惜时间,懂得如何合理利用时间。

后　　记

中国自古有言："一寸光阴一寸金。"这句话道尽了时间之于生命的分量。据国家统计局数据显示，我国中小学生平均每日课后学习时间超过 3 小时，如何帮助孩子在有限的时间内实现高效成长，已成为万千家庭共同关注的课题。

《不用督促的学习》系列丛书正是基于这一时代需求应运而生。首作于 2021 年出版后，以其贴近实际的方法与温暖的叙事风格，热销近 5 万册，成为家长与教育工作者的案头指南。为回应读者的热切期待，我们聚焦具体场景，又推出《时间管理篇》《专注力培养篇》《作业辅导篇》三部曲，力求以系统化方案赋能孩子的自主学习能力。

本册《时间管理篇》的框架由苏晓航统筹设计，力求将抽象的时间概念转化为孩子可感知、可实践的生活工具。全书共分五章：第一章由苏晓航执笔，以"认识时间"为起点，奠定时间管理之基；靳育辉撰写第二至第四章，从方法论到习惯养成，层层递进；何丽琴负责第五章及附录，将理论融入趣味游戏中，让管理时间如探险般生动。特别是附录"可以和孩子一起玩的时间管理小游戏"，如同散落的彩蛋，等待亲子共同解锁。

  本书的诞生，得益于多方鼎力支持。北京理工大学出版社秦庆瑞、闫风华两位编辑老师以精益求精的态度，为内容架构提出诸多创见；责任编辑团队全程护航，确保科学性与可读性并重；书中案例与策略亦汲取了国内外教育心理学的前沿成果，在此谨向所有参考文献作者致以谢忱。特别感谢参与试读的百余组家庭，你们的真实反馈让这本书更贴近每一盏书桌前的灯光。

  时间如水，奔流不息。尽管我们竭力雕琢，疏漏之处仍在所难免。若您发现书中存有不足之处，恳请通过出版社渠道赐教。每一份建议，都是我们修订时的明灯。

  愿此书化作一粒种子，在孩子心中生出从容规划的枝芽，让成长与时光共舞。

苏晓航
2025 年 3 月于珠海